BIBLIOTHÈQUE DES ÉCOLES ET DES FAMILLES

MULLER

AMBROISE PARÉ

PARIS
LIBRAIRIE HACHETTE ET Cⁱᵉ
70, BOULEVARD SAINT-GERMAIN, 70

AMBROISE PARÉ

ou

LE PÈRE DE LA CHIRURGIE FRANÇAISE

AMBROISE PARÉ.

AMBROISE PARÉ

OU

LE PÈRE DE LA CHIRURGIE FRANÇAISE

PAR

EUGÈNE MULLER

PARIS

LIBRAIRIE HACHETTE ET CIE

9, BOULEVARD SAINT-GERMAIN, 79

1880

AMBROISE PARÉ

OU

LE PÈRE DE LA CHIRURGIE FRANÇAISE

I

Comment un honnête chapelain avait pour élève latiniste un pauvre
enfant, auquel il n'enseignait guère le latin.

« Ambroise !

— Oui, monsieur le chapelain, j'accours.

— Ambroise !

— Tout de suite, monsieur le chapelain, tout de suite.

— Méchant petit indolent, faudra-t-il que j'aille te chercher par les oreilles ?

— Me voilà, monsieur le chapelain, me voilà.

— Enfin !

— Je vous demande bien pardon, monsieur le chapelain, mais il vous souvient sans doute qu'hier, quand je suis venu vers vous pour prendre ma leçon de latin, vous m'avez dit de recopier les deux déclinaisons que nous avions faites la semaine dernière. J'y étais occupé quand vous m'avez appelé ; et comme je n'avais plus que deux cas à transcrire, je voulais achever pour pouvoir vous montrer la copie complète. Voyez, monsieur le chapelain, est-ce ainsi que je devais faire ?

— Eh ! c'est bien pour cela que je t'appelle ! et c'est

bien de déclinaisons qu'il s'agit! D'ailleurs, je te l'ai
dit, et je te le répète, mon enfant, tu veux aller trop
vite, beaucoup trop vite : l'étude des langues savantes
est chose difficile, très difficile.

— Je le vois bien, monsieur le chapelain ; aussi
voudrais-je pouvoir m'y appliquer beaucoup, afin de...

— *Festina lentè*, mon garçon, *lentissimè*.

— Je ne comprends pas, monsieur le chapelain.

— Cela veut dire, hâte-toi lentement, très lentement.

— Ah! fort bien.

— Mais venons à nos affaires. Dis-moi, tu as ce
matin bouchonné ma mule, n'est-ce pas?

— Oui, monsieur le chapelain, très soigneusement,
dès mon lever, au point du jour.

— Tu lui as donné ensuite sa provende habituelle
de son et de foin?

— Oui, monsieur le chapelain.

— Elle a mangé de bon appétit?

— Oui, monsieur le chapelain.

— Tu l'as fait boire convenablement?

— Je l'ai conduite au ruisseau, où elle s'est abreuvée
tout à son aise.

— C'est bien! Tu as, n'est-ce pas, arrosé le jardin...
amplement?

— Oui, monsieur le chapelain... amplement.

— Tu as placé, n'est-ce pas, les abris sur les jeunes
plants de melons?

— Oui, monsieur le chapelain.

— Et sarclé, comme je te l'avais recommandé, la
plate-bande de laitues?

— Oui, monsieur le chapelain.

— Fort bien! Pendant mon absence, tu bêcheras le
petit carré que je t'ai montré, où je dois semer des
navets d'automne.

« — Oui, monsieur le chapelain.

— Tâche de briser bien la terre avec le rateau, et quand tu auras achevé, tu nettoieras l'écurie de ma mule ; tu iras porter la vieille litière sur l'ancien carré de choux, que tu laboureras un de ces jours ; puis tu regarniras d'une bonne épaisseur de paille fraîche... Mais, à propos de paille, il ne doit pas nous en rester beaucoup.

— Non, monsieur le chapelain.

— Martin, du Grand Hêtre, m'en redoit — d'accord sur sa dernière dîme — une demi-charretée : tu iras lui dire qu'il me l'amène.

— Oui, monsieur le chapelain.

— Tu n'oublieras pas de donner aux poules leur ration de criblures. Vers le soir, tu remettras un peu d'eau sur le jardin, et tu découvriras les melons. Tout cela est bien compris, n'est-ce pas ?

— Oui, monsieur le chapelain.

— Maintenant, va seller et brider ma mule, et tu l'amèneras devant le montoir. Hâte-toi. Je me suis attardé en mes oraisons, et l'on m'attend pour chanter office aux récollets de Valvert, où je dois passer la journée. Va, petit garçon, et fais vite : la traite est longue. Je n'ai que le temps bien juste pour arriver. Va.

— Oui, monsieur le chapelain. »

Et l'enfant s'en alla exécuter les ordres de son maître.

Quelques instants plus tard, comme il était devant la porte du petit presbytère, tenant par la bride la bête, que l'homme d'église s'apprêtait à enfourcher :

« Monsieur le chapelain, dit-il timidement, je voudrais bien vous demander quelque chose.

— Demande, répondit le chapelain, mettant le pied à l'étrier.

« — Eh bien! monsieur le chapelain, dans ces déclinaisons que nous avons faites, j'ai remarqué que *rosa* veut dire *la rose*, et que *rosam* veut dire aussi *la rose; Dominus, le Seigneur*, et *Dominum* aussi *le Seigneur :* je ne comprends pas la différence, car il doit bien y en avoir une.

— Patience, mon garçon, patience! dit le chapelain, occupé à s'accommoder sur le dos de la mule, tu veux aller trop vite, te dis-je. Tout cela te sera expliqué plus tard, en son temps.

— Très bien, monsieur le chapelain; mais que faudra-t-il que je fasse comme travail de latin ?

— Eh bien! apprends par cœur ce que tu as copié.

— Je le sais, monsieur le chapelain.

— Alors... recopie-le une autre fois; ça te l'apprendra mieux. Laisse aller la bête. Hop! hop! »

Et tout en mettant sa monture au trot : « N'oublie pas d'aller chez Martin du Grand Hêtre... Pas trop d'eau sur le jardin, ce soir, » recommandait encore le chapelain, que l'enfant eut bientôt perdu de vue au détour du chemin.

II

Pourquoi les parents du petit Ambroise avaient voulu que leur fils
apprit le latin.

Cet entretien devait avoir lieu vers l'année 1530, aux
environs de la ville de Laval, en cette partie de la
vieille province du Maine qui forme aujourd'hui notre
département de la Mayenne.

Le chapelain s'appelait Orsoy, c'est à peu près tout
ce que l'histoire nous apprend de lui, à savoir que,
chargé d'enseigner le latin au petit Ambroise, il ne se
gênait pas pour transformer — comme nous venons
de le voir — l'élève en une sorte de valet à tout faire.

Pour expliquer — sans la justifier bien entendu —
l'étrange façon d'agir du chapelain, nous devons savoir
ce qu'était, d'où venait le petit Ambroise.

Or, le petit Ambroise était le plus jeune enfant d'un
simple menuisier de Laval, ce menuisier avait élevé déjà
deux fils et une fille, et se trouvant sans doute avancé
en âge, n'était plus en état de faire de grands frais
pour l'instruction de son dernier et tardif rejeton.

Toutefois, comme le petit Ambroise témoignait
d'une intelligence ouverte, d'un esprit actif, pénétrant, d'un vif désir de savoir, le père avait avisé, dans
la mesure de ses moyens, à ce que ces heureuses dispositions ne fussent ni contrariées ni perdues.

Aux petites écoles de la ville, l'enfant avait eu bientôt acquis les notions qui en constituaient le primitif enseignement : c'est-à-dire un peu de lecture, d'écriture et de calcul.

C'est alors que, pour ouvrir un plus large horizon à ce jeune et curieux esprit, on lui chercha un maître ; le maître fut le chapelain Orsoy.

« Donnant donnant, telle avait dû être la formule d'engagement réciproque entre les parents du petit Ambroise et le chapelain.

« Vous voulez que votre enfant apprenne le latin, avait dit l'homme d'église, fort bien ! je le lui enseignerai.

— En revanche, avait répondu le menuisier, l'enfant vous rendra tous les petits services qu'il sera en état de vous rendre. »

Et le marché avait été conclu.

Que les clauses en fussent aussi fidèlement observées du côté du maître que du côté de l'élève, ce point n'est pas en discussion ; mais on peut se demander pourquoi, de la part du pauvre menuisier, cette haute visée pour son jeune fils : savoir le latin ?

Peut-être en trouverons-nous la raison en voyant ce qu'il était advenu antérieurement des autres enfants du brave artisan.

Il avait, avons-nous dit, outre le petit Ambroise, deux fils et une fille. Des deux fils, le second seulement avait embrassé la profession paternelle ; l'autre, l'aîné, devenu *maître* barbier chirurgien, tenait boutique à Vitré. La fille était mariée à un *maître* chirurgien qui exerçait à Paris.

Comme ces titres de maîtrise ne sont plus en usage aujourd'hui, nous jugeons utile de les expliquer à nos jeunes lecteurs.

LAVAL, VILLE OÙ EST NÉ AMBROISE PARÉ.

En ce temps-là — c'est-à-dire au milieu du XVIe siècle — et il en fut ainsi pendant plus de deux siècles
encore — le personnel qui pratiquait l'art de guérir ou
de traiter les maladies humaines, se divisait en trois
classes bien distinctes.

Tout d'abord trônait la grave, la solennelle Faculté,
ce grand corps de docteurs médecins, qui, à tort ou à
raison, par la nébuleuse emphase de son savoir ou par
sa prétentieuse ignorance, défraya si souvent la verve
comique des écrivains.

Quoi qu'il en fût de leurs mérites, toujours est-il
que les médecins n'obtenaient leur titre de docteur
qu'à la suite de longues études des textes antiques, et
après de nombreuses épreuves toutes subies en langue
latine — laquelle, à vrai dire, n'était le plus souvent
qu'un affreux jargon coulé dans le moule latin.
Convaincus qu'ils possédaient la science suprême
et représentaient la noblesse intellectuelle dans sa
plus haute acception, les docteurs tenaient pour
singulièrement inférieure la classe dite des maîtres
chirurgiens, qui, d'ailleurs, leur était traditionnelle-
ment et légalement subordonnée.

N'envisageant, n'étudiant les maladies, les infirmi-
tés qu'au point de vue théorique et, en quelque sorte,
spéculatif; raisonnant à perte de vue, beaucoup plus
d'après les textes laissés par leurs prédécesseurs que
sur l'observation du sujet, les docteurs médecins faisaient assez peu de cas des études anatomiques, qui,
pour être vraiment profitables, exigent une application manuelle. Ils laissaient ce soin aux chirurgiens,
qui, pour eux, devenaient des espèces de manouvriers,
relativement dégradés par le travail en quelque sorte
servile auquel ils devaient se livrer. Ceux-là, du reste,
n'étaient admis à pratiquer leur *métier* qu'après avoir

subi des examens que leur faisaient passer les docteurs,
et après avoir soutenu une thèse *en latin*. Le diplôme de
maître chirurgien qu'ils recevaient de la Faculté leur
interdisait toute pratique purement médicale. Ils devaient simplement opérer, rhabiller, panser; mais ils
n'avaient pas le droit de faire des prescriptions *docto-
rales;* et ils devaient, en cas de nécessité, appeler humblement auprès du patient un médecin, qui seul avait
le droit de griffonner une ordonnance.

Les maîtres chirurgiens diplômés formaient une
confrérie qui était placée sous le patronage de saint
Côme, et qui, de son côté, comme par esprit de revanche, ne manquait pas d'être singulièrement jalouse de
ses droits et privilèges. Au-dessous d'elle, dans un état
d'infériorité bien nettement indiquée, venait la corporation des maîtres barbiers chirurgiens, qui, en même
temps qu'ils travaillaient du rasoir, comme le font encore les barbiers actuels, pratiquaient ce qu'on appelait la petite chirurgie, à savoir le traitement et pansement des « *clous, anthrax, bosses* et *charbons* ». Pour
obtenir le diplôme de *maître barbier chirurgien,* il
fallait, tout en ayant titre d'apprenti chez un barbier
exerçant en boutique, suivre à l'école de Saint-Côme
un cours que faisait un docteur, lequel se bornait à
donner à ses jeunes auditeurs quelques notions fort
succinctes, et purement théoriques, sur l'art de guérir
les tumeurs et plaies superficielles. De médecine, d'a-
natomie, de chirurgie, proprement dites, pas un mot,
car c'étaient sciences réputées inutiles, et d'ailleurs
interdites au barbier.

Pour préciser, les guérisseurs se partageaient donc
en trois corps spéciaux : tout au bas, les maîtres barbiers que, de l'échelon supérieur, regardaient fort dé-
daigneusement les maîtres chirurgiens, fort dédaignés

à leur tour par les docteurs médecins, qui occupaient le rang suprême.

Or nous savons que chacune des deux classes inférieures du monde médical était représentée dans la famille du menuisier, puisque l'aîné des enfants était établi maître barbier chirurgien dans une ville voisine, et puisque le mari de sa fille avait rang de maître chirurgien à Paris même. Pourquoi, étant données les heureuses dispositions du petit Ambroise, le père n'aurait-il pas rêvé pour lui le grade supérieur de la hiérarchie hippocratique? Ou pourquoi, tout au moins, au lieu de rester simplement *frater* de petite ville comme son frère, ne deviendrait-il pas, en pleine capitale, comme son beau-frère, membre de la confrérie de Saint-Côme?

Le premier pas à faire, c'était d'apprendre le latin; cette langue scientifique qui était comme la clef des études sérieuses et sans laquelle il n'y avait point d'examens possibles, point de diplôme en perspective.

Et l'on s'était adressé au chapelain Orsoy, qui, nous l'avons vu, entendait d'une assez singulière façon son rôle de professeur.

Aussi, quelle que fût la bonne volonté dont l'enfant s'efforçât de faire preuve sous un tel maître, les parents ne durent-ils pas tarder à reconnaître que l'étudiant latiniste n'était guère à même d'acquérir là que les aptitudes du jardinier ou du valet d'écurie; et le marché fait avec le chapelain se trouva bientôt rompu, car on n'était pas riche chez le menuisier, et si l'on n'y pouvait faire les frais d'un long stage scolaire pour le petit Ambroise, encore moins pouvait-on le laisser perdre son temps au service d'un professeur aussi peu consciencieux. L'âge approchait d'ailleurs où il devrait se suffire à lui-même.

« Eh bien quoi ! se dirent les parents, s'il ne peut apprendre le latin, et si, par conséquent, il doit renoncer à obtenir le diplôme de chirurgien comme son beau-frère, tout au moins, puisque ses goûts semblent le porter vers une vocation de ce genre, deviendra-t-il barbier comme son frère, qui, après tout, convenablement établi, ne laisse pas de gagner sa vie d'une manière fort honorable. »

Et sur ce raisonnement, qui ne manquait pas de sagesse, le menuisier donna son fils Ambroise pour apprenti à maître Vialot, barbier chirurgien, tenant boutique en la ville de Laval.

Là, pendant quelques mois, l'enfant, dont l'activité, la docilité, étaient les principales vertus, put commencer à se faire la main aux pratiques élémentaires de la profession. Il apprit à raser, et, entre temps, il vit saigner, panser quelques plaies légères : toutes choses qui, reconnaissons-le, ne devaient ni lui donner une haute idée de la carrière où il entrait, ni lui démontrer qu'il fût possible d'y acquérir une grande renommée.

Or voilà qu'un jour, certain chanoine de la ville étant atteint d'une grave affection qui nécessitait une très difficile opération chirurgicale, un des plus célèbres chirurgiens de Paris fut mandé, qui, ayant besoin d'aides, de servants, s'entoura tout naturellement, pour la circonstance, des barbiers de Laval. Du nombre fut maître Vialot, à qui son apprenti avait demandé comme une faveur de le suivre, et qui le suivit.

L'opération se fit, où le fameux praticien émerveilla tous les assistants par son savoir précis et par la sûreté, la dextérité de sa main.

Au retour de cet émouvant spectacle : « Eh bien ! petit, dit le barbier à l'apprenti, voilà que tu as un air

PARÉ APPRENTI BARBIER.

tout singulier; je crois fort que j'ai eu tort de t'emmener avec moi, tout cela t'a bouleversé, tu es trop jeune, et...

— Tort! oh non, dit l'enfant, dont l'œil brilla; non, maître, au contraire, bien au contraire.

— Que veux-tu dire?

— Je veux dire que je serai *chirurgien*, maître, répliqua le petit Ambroise en relevant hautement le front.

— Chirurgien! mais, pauvret, tu ne sais pas le latin.

— Le latin, le latin! comme si le latin était pour quelque chose dans ce que nous venons de voir! comme si tout le mérite de ce grand chirurgien n'était pas dans la connaissance qu'il a des façons d'être du corps humain et dans son habileté à se servir des instruments!

— Fort bien; mais il faut le latin pour la thèse.

— Eh! mon Dieu, je l'apprendrai, le latin.

— Tout seul, tu ne pourras pas; et pour avoir des maîtres, il faudrait pouvoir les payer.

— Eh bien! s'écria le petit Ambroise, je m'en passerai. »

Sur quoi maître Vialot, branlant la tête : « L'enfant déraisonne, se dit-il à lui-même, ce n'est pas la peine de discuter davantage avec lui. »

Et maître Vialot ne discuta plus; il ne fit même que sourire quand le petit Ambroise répéta cette aventureuse affirmation : « Je serai chirurgien! »

Le petit Ambroise pouvait avoir alors quelque douze ou treize ans.

III

Les projets que forme Ambroise, après avoir laborieusement conquis
le titre de barbier.

Six ou sept ans plus tard, à Paris, nous voyons sortir
du collège des chirurgiens de Saint-Côme, un garçon
d'environ dix-neuf ans, dont le visage bien que
franchement épanoui par l'évidente satisfaction qu'il
éprouve, porte tous les indices d'une précoce et sereine
gravité. En marchant, il lit ce qui est écrit sur une
feuille de parchemin que ses mains tiennent déroulée.
Un ami, quelque clerc de l'Université, l'aborde.

« Eh bien ! c'est fait ?

— Mon Dieu oui, vois plutôt. »

Et le parchemin est mis ouvert sous les yeux du
survenant, qui lit à mi-voix :

*« Par-devant nous, docteurs régents de la faculté de
médecine de Paris, s'est présenté* PARÉ *Ambroise pour
être entendu, examiné et éprouvé sur la théorie et pratique des opérations afférentes à la profession de chirurgien barbier. Après avoir procédé à l'audition,
examen et expérience du susdit, après avoir vu et
considéré ses réponses, l'avons déclaré et déclarons
apte et suffisant à guérir les clous, anthrax, bosses et
charbons ; et, en conséquence, lui conférons le titre de
maître chirurgien barbier, pour que lui soient reconnus et profitables tous les droits de ce titre, etc. »*

« Donc, mon cher Ambroise, te voilà au comble
de tes vœux, reprit le clerc ; reçu maître barbier à
dix-neuf ans, c'est beau ; nanti de ce diplôme, tu vas
ouvrir boutique, pendre enseigne sur rue, et en avant
le rasoir, le peigne et la lancette ! Sous peu, étant
connues la légèreté de ta main, l'aménité de ton caractère, tu ne saurais manquer d'avoir la plus bril-
lante clientèle. Dans un ou deux ans tu te maries, tu
fais souche de barbiers ; tu deviens syndic de la corporation ; te voilà notable, « mangeant bien, buvant de
même, et pardieu ! ta vie est droite et facile. Vivat !
Ambroise, mon ami, vivat ! Qui commence bien finit
bien ; et certes tu peux te vanter d'avoir eu de beaux
commencements, qui sont gages de bel avenir... Touche là, et tous mes souhaits de prospérité au nouveau
maître ! »

Or, pendant que le clerc l'accable de ses verbeuses
et enthousiastes félicitations, le nouveau maître n'a
fait que sourire doucement ; lorsque enfin le flot est
passé :

« Merci, mon ami, dit Ambroise, merci de tes com-
pliments et de tes vœux ; mais laisse-moi te faire remarquer que tu te méprends fort sur mes intentions,
sur mes espérances.

— Eh quoi ! tu...

— Laisse-moi dire, je te prie. A t'entendre, j'aurais
dès à présent atteint le but, et je n'aurais plus qu'à
laisser le sort me départir toutes les largesses dues à
mes quelques efforts de travail et d'intelligence. Eh
bien ! mon cher, nous sommes loin de compte. Tu as
dit un mot juste : commencement. Tout cela, en effet,
n'est qu'un commencement. Ouvrir boutique et pendre
enseigne, j'en ai le droit ; mais vraiment je n'y songe
guère, du moins quant à présent...

— Cependant ce diplôme bien et dûment obtenu, bien et valablement délivré ?...

— Eh bien ! c'est un titre qui, au besoin, peut me servir, mais je ne le considère que comme un premier pas ; et je t'assure que je vise plus haut qu'à raser des mentons, friser des cheveux et à *guérir clous, anthrax, bosses et charbons.*

— Ah ! ah ! maître Ambroise a de l'ambition ! L'appétit lui vient en mangeant.

— Oh ! mon Dieu, appelle cela comme tu voudras, mais je vais te dire ce que c'est. J'avais douze ans quand cette passion s'éveilla en moi, en voyant, en reconnaissant d'après une très difficile et très habile opération dont je fus témoin, combien utile et secourable était cette science de chirurgie. Il me sembla beau et bon par-dessus tout de travailler ainsi au soulagement, à la guérison des souffrants. Dès ce moment donc je me promis que telle serait la tâche de ma vie, le désir, le plaisir d'être utile étant ma principale visée ; et depuis j'ai toujours marché vers ce but. Un jour je suis parti de mon pays à l'aventure, tâchant de me suffire en faisant de mon mieux chez des maîtres barbiers de province. Le jour quand j'avais un instant, la nuit en prenant sur mon sommeil, je lisais, j'étudiais, et surtout je ne manquais aucune occasion d'observer tout ce qui a rapport à la forme, au mécanisme du corps humain ; mais en province les livres étaient rares ; les clients de mes maîtres, qui ne les venaient consulter que pour des maux insignifiants, n'étaient pas des sujets d'étude suffisants. J'aurais voulu voir de la vraie chirurgie ; mais, simple servant de barbier, je ne pouvais guère en trouver l'occasion. De ville en ville, j'ai pu gagner Paris. Là j'ai dû forcément encore entrer comme apprenti en boutique. Rude condition que celle-là, car on y a nombreuse, longue et ingrate besogne; mais, bah! il fallait vivre en attendant. Aux heures que nous laissait le maître pour assister aux conférences du collège Saint-Côme, je me trouvais en un centre selon mes goûts; mais si peu encore est-il enseigné aux pauvres apprentis barbiers, qui, devenus maîtres, doivent s'en tenir à quelques pansements et à quelques incisions; bientôt ces maigres leçons ne me suffirent plus. Toujours lisant, toujours étudiant, et partant témoignant de quelque élément de savoir, j'ai pu réussir à me faire admettre comme interne à l'Hôtel-Dieu. J'y ai résidé trois ans; et là, « eu égard à la grande diversité des malades qu'on y traite, j'ai eu le moyen de voir et connaître tout ce qu'il peut y avoir d'altération et de maux au corps humain, en même temps qu'y apprendre, sur une infinité de corps morts, tout ce qui se peut dire et considérer sur l'anatomie pour parvenir à la connaissance des grands secrets de la chirurgie [1]. »

— Quoi! fit observer le clerc, alors que tu es déjà versé à ce point dans la science de chirurgie, tu as simplement brigué le titre de maître barbier?

— Que veux-tu? je...

— Ah! c'est vrai, je me souviens maintenant, tu ne sais pas le latin.

— En effet, mais là n'est pas, je t'assure, la principale raison...

— C'en est une importante cependant, car sans latin...

— On ne passe pas d'examen, c'est vrai, mais on

1. Les passages que nous mettons entre guillemets sont empruntés aux mémoires ou traités qu'Ambroise Paré a publiés sur son art et sur sa vie. Nous les citons toujours aussi textuellement que possible, c'est-à-dire en ne modifiant, dans le *vieux* langage dont se sert notre auteur, que celles des expressions qui nous sembleraient devoir embarrasser le lecteur d'aujourd'hui.

n'en apprend pas moins ce qui fait l'habile chirurgien :
et peut-être le latin n'est-il pas plus difficile à apprendre que l'anatomie. Je suppose qu'en y consacrant un
certain temps...—si j'avais le temps — j'en apprendrais
bientôt assez pour me tirer d'affaire ; mais je n'ai pas
encore trouvé ce temps-là, j'ai mieux employé celui que
j'avais à étudier, à observer les maladies, et surtout
à travailler sur le sujet vivant ou mort. Le latin n'est
donc pas, pour moi, ce qui presse, ce qui importe le
plus. Le vrai livre, vois-tu, c'est le corps humain ; à
quoi doivent se joindre, je le sais, les observations
non seulement des maîtres anciens et nouveaux, mais
aussi celles de tous ceux qui, d'une façon ou de l'autre,
prennent part à la besogne. « Le laboureur aura
beau parler des saisons, discourir de la façon de cul-
tiver la terre, déduire quelles semences sont propres
à chaque terroir ; tout cela ne sera rien s'il ne met la
main aux outils, s'il n'accouple des bœufs et ne les lie
à la charrue. De même, ce n'est rien de feuilleter les
livres, de gazouiller et de caqueter en chaire de la
chirurgie, de ses perfections, si la main ne met en
usage ce que la raison lui ordonne. » Pendant trois
ans je me suis exercé ici chaque jour. J'ai besoin
d'aller voir, étudier ailleurs. C'est pour aider à réali-
ser ce projet que j'ai voulu avoir le titre qui vient de
m'être conféré, et que vraiment il ne m'était pas difficile d'obtenir.

— Un projet, dis-tu ?..

— Oui. Tu sais qu'une armée va être envoyée par le
roi en Italie[1]. Je veux suivre cette armée en qualité

1. Il s'agit ici de la campagne de 1536 faite par les troupes de
François Ier pour reprendre les principales places du Piémont, que ve-
naient d'évacuer les Turcs, et qu'avaient occupées les soldats de
Charles-Quint.

de chirurgien ou d'aide. Le comte de Montejean, colonel général des gens de pied, que j'ai traité pour un
léger mal, et qui en a pris quelque bonne opinion de
mon petit savoir, doit commander là-bas. Il veut bien
m'agréer. Je vais partir; ce me sera une école toute
nouvelle, où j'espère apprendre beaucoup, en faisant
un peu de bien. Je vais aller voir ces guerres où certainement la besogne du chirurgien doit être rude et
difficile, mais où il doit avoir toutes les occasions
d'exercer et son savoir et sa main pour le soulagement de ses semblables. Tu connais maintenant mes
projets, que t'en semble?

— Ils témoignent d'un bon cœur et d'un sage esprit.
Bonne chance donc, ami Ambroise! Au retour tu nous
conteras tes campagnes.

— Volontiers, si tant est que Dieu me ramène.

— Il te ramènera. Au revoir !

— Au revoir ! »

Et les deux jeunes hommes se séparent.

I V

Comment le jeune Ambroise débute, en démontrant qu'on peut supprimer une cruelle pratique de la chirurgie.

Deux ans écoulés, ils se rencontrent de nouveau à
Paris.

« Tiens! voilà maître Ambroise de retour. Eh bien!
que pense-t-il de son voyage ? Il voulait voir la guerre,
il l'a vue.

— Oui, et c'est, hélas ! un bien affreux spectacle !

— En quels lieux de combat te trouvas-tu?

— Tout d'abord au pas de Suze. « Les ennemis
tenaient le passage, et avaient certains forts et tranchées, de façon que, pour leur faire quitter la place,
il fallut se battre. Il y eut plusieurs tués et blessés,
notamment un capitaine nommé Le Rat, qui reçut un
coup d'arquebuse à la cheville du pied droit, ce qui
le mit par terre; alors il dit : « A cette heure Le Rat
est pris. » On le releva. *Je le pansai et Dieu le guérit* [1]. Nous entrâmes en foule dans la ville, et passions
par-dessus les morts; et quelques-uns qui étaient par
terre vivant encore, nous les entendions crier sous les
pieds de nos chevaux, ce qui me faisait compassion...

1. Ambroise Paré a rendu célèbre cette formule qu'il avait adoptée
pour devise, comme témoignant à la fois de sa sincère modestie et
de sa profonde piété.

Étant dans la ville, j'entrai dans une étable, voulant y mettre mon cheval. J'y trouvai quatre soldats morts, et trois qui étaient appuyés contre la muraille, la face entièrement défigurée; ils ne voyaient, n'entendaient, ni ne parlaient, et leurs habillements étaient encore en feu, de la poudre à canon qui les avait brûlés. Pendant que je les regardais en pitié, survint un de nos vieux soldats qui me demanda s'il y avait moyen de les pouvoir guérir. Je lui répondis que je ne le croyais pas. Aussitôt il s'approcha d'eux, et leur coupa la gorge doucement et sans colère. Voyant cette grande cruauté, je lui dis qu'il était un méchant homme. Il me fit réponse qu'il priait Dieu que s'il était jamais en pareil état, il se trouvât quelqu'un qui lui en fît autant, afin de ne pas le laisser languir misérablement. Je t'avoue qu'en tel moment je me pris à regretter d'avoir quitté Paris.

— Je le comprends.

— Mais à la guerre on n'a pas le temps de s'attendrir. De là nous allâmes assiéger le château de Villane. « Les gens de ce château, voyant venir nos soldats, se mirent en devoir de faire bonne défense, et tuèrent ou blessèrent grand nombre des nôtres, à coups de piques, d'arquebuses ou de pierres, ce qui tailla beaucoup de besogne aux chirurgiens. »

— Alors tu fus à ton affaire?

— Oui et non. Oui, car je n'étais pas allé chercher autre chose là-bas que des blessés à panser. Non, car j'arrivais tout novice, n'ayant vu encore ni ne sachant comment se traitaient les plaies faites par arquebuses. A vrai dire, j'avais lu dans Jean de Vigo [1] que ces plaies

---

1. Célèbre chirurgien génois de la fin du XVe siècle.

FRANÇOIS Ier.

participent de venin par le fait de la poudre qui porte
en elle ce poison.

— On le dit en effet.

— Oui, on le dit, mais il n'en faut rien croire.

— Quoi! le fameux Jean de Vigo se serait trompé!

— Eh! Jean de Vigo, tout habile qu'il était, n'a
fait sans doute que répéter ce qui se disait avant lui,
sans prendre la peine de vérifier la valeur de ce dire.
Toujours est-il que, selon lui, pour empêcher l'action
de ce venin, il fallait, avant toute chose, verser et faire
bien pénétrer dans les plaies d'arquebuse de l'huile de
sambuc [1] toute bouillante. Craignant de me tromper
cependant, et pensant à l'extrême douleur qu'il en devait revenir aux blessés, je voulus savoir ce que faisaient les autres chirurgiens. Il se trouva que tous en
usaient ainsi, et versaient l'huile aussi bouillante que
possible. Je me risquai donc, mais bien à regret, sur
mes pauvres malades, à faire comme les autres chirurgiens. Une fois cependant mon huile me manqua.
J'eus l'idée d'appliquer en son lieu un mélange de
jaune d'œuf, d'huile rosat et de térébenthine. Je fis
cela parce qu'il me semblait que ce devait être bon et
calmant; mais la nuit je ne pus dormir à mon aise,
craignant que, faute d'avoir cautérisé avec l'huile, il ne
m'arrivât de trouver le lendemain mes malades morts
empoisonnés par le venin de la poudre. Je me levai de
grand matin pour les visiter. Contre mon espérance, je
trouvai ceux auxquels j'avais mis mon mélange froid
sentant peu de douleurs, et leurs plaies étaient sans inflammation ni tumeurs, et tous avaient assez bien re-
posé pendant la nuit; tandis que les autres, qui avaient

---

1. Huile dans laquelle on faisait infuser ou bouillir de l'écorce de
sureau (*Sambucus*), et qui était autrefois réputée comme un spécifique
contre la brûlure.

reçu l'huile bouillante, avaient grandes douleurs, souf-
fraient d'une fièvre terrible, et avaient tous des tu-

ARQUEBUSIER.

meurs autour de leurs plaies. Alors, comme il me fut
démontré que la poudre n'avait point de venin, je me

promis bien de ne plus brûler les pauvres blessés. »
Je me suis tenu parole, et les malades en ont eu ce
double profit de souffrir moins et de guérir mieux.

— Mais qu'ont dit les autres chirurgiens en te voyant
faire ainsi?

— Quelques-uns se sont moqués de moi, et, malgré
l'évidence, n'ont nullement renoncé à martyriser les
pauvres blessés. Ils sont d'avis que, nos anciens ayant
agi de la sorte, il ne faut rien changer.

—Sans doute parce que la nouvelle méthode venant
de toi, qui es tout jeune, il leur a semblé qu'elle est
sans valeur. C'est une question d'amour-propre.

—Peut-être bien; mais, pour moi, je tiens que l'a-
mour-propre n'a rien à voir en ces choses. Où je trouve
une indication je la prends, aussi bien près d'une
vieille femme de campagne, qui a soulagé par un
moyen dont elle ne saurait donner la raison, que dans
les livres des plus savants hommes. Comment a-t-on
découvert les plus grands secrets de médecine? En
observant des faits de hasard, en essayant, pour savoir
si ce qui s'était produit une fois se reproduirait
encore. Un guérisseur ne doit rien dédaigner; et
quand, par l'expérience, il a vu qu'une chose est
bonne, il la doit raisonnablement adopter. Ainsi
ai-je fait. « Il y avait un médecin italien qui, lui aussi,
au lieu de brûler les blessés, les oignait d'un mélange adoucissant. Deux ans durant, je lui fis la
cour pour avoir sa recette; enfin, par dons et présents,
il me la déclara; et il se trouva que c'était à peu près
même chose que mon mélange. Ce dont je fus bien
joyeux. »

— Ambroise, mon ami, tu iras loin, car tu le mérites, vu que ton âme est charitable, et ton esprit judi-
cieux.

— J'irai où Dieu voudra que j'aille ; mais qu'il me prête vie, et je tâcherai d'en user pour le bien des souffrants.

— Toujours est-il que te voilà revenu. L'armée est encore là-bas cependant.

—Oui, mais M. le maréchal de Montejean étant mort d'un flux hépatique, j'ai été vivement affligé de perdre un homme qui m'avait été si bienveillant. D'ailleurs j'avais besoin de quelque repos, ou plutôt, disons mieux, de quelques études et réflexions sur tout ce que j'ai vu et fait. Il y a tant, me semble-t-il, à améliorer, à perfectionner dans cette pratique de chirurgie des armées ! Le maréchal d'Annebaut, qui a pris là-bas le commandement, désirait me garder et m'honorait de maintes promesses ; mais j'ai voulu revenir.

— Et maintenant, que vas-tu faire ?

— Tout bonnement ouvrir boutique et vivre de ma profession de barbier. Les clients me viendront, j'espère.

— Oh ! certainement. Ainsi tu ne comptes pas retourner aux armées faisant campagne ?

—Pardon ! Que l'on ait besoin de moi, et l'on me trouvera ; car si la guerre est chose triste, lamentable, il s'ensuit que nous nous devons, nous autres guérisseurs, aux braves gens qui ont besoin d'aide, de soulagement. C'est même pour tâcher d'être mieux préparé à ce service que j'ai voulu ce répit. Je reviens ici, en réalité, non pour me reposer, non pour m'arrêter dans la voie de la science, qui est un champ sans limites et sans bornes, mais pour méditer sur ce que j'ai vu, pour étudier, pour expérimenter, et me mettre à même de rendre de plus grands services, quand on aura recours à moi.

— Eh bien, en attendant, puisque tu as tant prati-

qué la chirurgie, où déjà tu es certainement plus habile
que beaucoup de nos maîtres, que ne te fais-tu recevoir
chirurgien?.. Ah! mais, c'est juste, le latin que, sans
doute, tu ne sais pas plus qu'auparavant...

— Le latin, oui, en vérité, je n'ai guère eu le temps
de m'en occuper sur les champs de bataille.

— Eh! que ne l'apprends-tu, maintenant que tu as
du loisir?

— Nous allons voir...

— En tout cas, encore une fois, bonne chance.

— Merci! »

V

Comment Ambroise, faute de savoir le latin, ne peut, à son grand
regret, prétendre au titre de chirurgien.

Ce qu'Ambroise n'avait pas dit à son ami, c'est qu'au
cours de la longue campagne qu'il venait de faire il
avait, en toute occasion, payé admirablement de sa
personne, se multipliant pour répondre aux demandes
des chefs, qui le voulaient tous pour soigner leurs
hommes, des blessés, qui, connaissant son habileté, se
réclamaient tous de lui. Le corps d'armée d'occupa-
tion du Piémont, que commandait le maréchal de
Montejean, comptait environ dix mille hommes, qui
bataillaient de ci et de là, tant autour de Turin que
dans les principales places. « S'il y avait quatre blessés, Paré en pansait ou opérait trois. »

Le maréchal, malade d'un flux hépatique, avait appelé un célèbre médecin italien pour le traiter de
cette maladie. Ce médecin visitait les blessés; quand
il lui arrivait d'entrer en consultation avec Paré et les
autres chirurgiens sur quelque cas difficile, il parais-
sait toujours frappé de la précoce sagacité du barbier
parisien, et faisait grand cas de ses avis; quand se pré-
sentait quelque grave et difficile opération, c'était toujours, de l'assentiment général, Paré qui devait y mettre
la main; car son extrême habileté était notoire. Aussi le

docteur italien, l'ayant vu maintes fois à l'œuvre, avait-il dit un jour au maréchal : « Vous avez là, monseigneur, un chirurgien bien jeune d'âge, mais bien vieux de savoir et d'expérience. Conservez-le, car il vous fera service et honneur. »

Or ce jeune homme qui a si brillamment fait ses preuves, et à qui les plus vieux praticiens s'accordent à témoigner une déférence qui va souvent jusqu'à l'admiration, ce chirurgien en titre des armées du roi, si apprécié des chefs, si aimé des soldats, de retour à Paris, ouvre tout modestement une boutique de barbier; et le voilà simple *frater*, qui tous les jours savonne des mentons, accommode des chevelures, et, par occasion seulement, traite et panse « clous, anthrax, bosses et charbons ».

Que sa renommée des camps ne l'ait pas quelque peu suivi à Paris, il n'en faut pas jurer; que d'aventure quelque client de grande maison ne vienne faire appel à son ministère, n'en doutons point : mais c'est sous le manteau, pour ainsi dire, qu'il doit exercer cette chirurgie dans la pratique de laquelle tant de gens déjà l'ont reconnu maître et expert, car elle est furieusement jalouse de ses prérogatives, la confrérie de Saint-Côme ! Si elle apprenait que le titulaire d'un simple brevet de barbier s'avise de chasser sur ses terres, l'orage serait terrible. Armée de la loi, elle pourrait causer de graves ennuis au téméraire et lui faire payer cher cette incursion dans un domaine interdit. À vrai dire, le barbier peut arguer qu'il fait de la chirurgie en amateur, pour être agréable à des gens qui lui veulent du bien, sans autre visée de gain que le plaisir de soulager son prochain... Au surplus, il il n'est pas déjà sans quelque crédit en bon lieu, et s'il arrivait que les foudres de Saint-Côme grondassent

sur sa tête, peut-être quelque bras puissant se trouve-
rait-il pour les retenir ou les détourner.

Mais aux protecteurs qui interviennent : « Eh bien ! —
disent gravement les dignitaires de Saint-Côme, à
qui peut-être ne laisse pas de porter personnellement quelque ombrage le succès de cet irrégulier, —
puisqu'il a tant de savoir, puisqu'il est si étonnamment
habile en la pratique de notre art, que ne se présente-
t-il aux examens, que n'enlève-t-il de haute lutte ce
diplôme qui lui permettrait d'exercer en toute liberté,
et de s'assurer de beaux profits, en faisant grand honneur à la corporation ?

— Sans doute, mais il ne sait pas le latin.

— Qu'il l'apprenne !

— Voyons, est-ce qu'il ne serait pas possible ?...

— De violer nos lois, de faillir à nos traditions ?

— Non, mais de sauver la forme... Songez que ce
jeune homme, né pauvre, empêché de payer des
maîtres, ne doit rien de ce qu'il sait qu'à lui-même, à
son esprit d'observation, à ses études opiniâtres, à
son travail incessant.

— La loi est la loi, la tradition est la tradition —
prononce gravement le gardien des privilèges profes-
sionnels. — Qu'il s'y soumette ! »

Et force est bien d'en rester là ; car si Ambroise est
le premier à reconnaître que la connaissance de cette
langue ancienne et dite savante met celui qui la possède en état de se familiariser avec maints écrits pleins
de profitables enseignements, encore ne croit-il pas
qu'elle suffise à donner la science et l'habileté. « Les
maladies, dit-il après le vieux Celse, dont il a lu les ouvrages dans une traduction française, ne sont pas gué-
ries par des paroles, mais par les remèdes qu'on y
applique. Les anciens n'ont pas tout connu. Ne nous

reposons pas sur leur travail comme s'ils n'avaient rien laissé à dire et à inventer. Ils sont pères et auteurs de la première invention, et ils en ont l'honneur, que je ne leur veux point disputer; mais il reste à la vérité plus de choses à chercher qu'il n'y en a de trouvées... Selon l'expression du bon père Guidon [1], nous sommes comme l'enfant qui est sur le col du géant : c'est-à-dire que nous ne voyons pas seulement ce qu'ils ont vu, mais encore plus loin, au delà.

— Fort bien, mais, Ambroise mon ami, sans le latin vous ne serez jamais maître chirurgien.

— Je le serai de fait, si je ne le suis de nom. Je ne fais nullement fi de ceux qui ont une instruction que je n'ai pas et qu'il m'a été impossible d'acquérir. Heureux ceux-là ! je les envie, mais je crois avoir mieux à faire, pour mon avancement dans la science, que d'apprendre des mots. »

Ainsi dit Ambroise. Et, quoi qu'il en soit, il semble n'avoir pas trop lieu de se plaindre du modeste parti qu'il a pris; car sa boutique de barbier s'achalande de jour en jour; il a des apprentis, des seconds, qui font la besogne courante du peigne et du rasoir, pendant qu'il vaque à de plus dignes travaux, ou poursuit le cours de ses études anatomiques et chirurgicales.

Cinq ans se passent durant lesquels la confrérie de Saint-Côme a pu lui faire quelques menaces ou même lui infliger quelques tracasseries; mais l'estime qu'ils inspirent l'homme et ses talents grandit autour de lui.

1. Il était de coutume alors de désigner par le nom de *Guidon* les œuvres de Guy de Chauliac (en latin *Guido de Cauliaco*, praticien du XIVe siècle), que les chirurgiens considéraient comme le bréviaire de leur art. En 1569, le chirurgien Falcon publia d'ailleurs chez Jean de Tournes un livre intitulé *Annotations sur le Guidon*.

On le recherche, on le protège. A vingt-quatre ans il s'est marié ; et il semble alors que son sort soit définitivement fixé en l'honorable mais modeste condition où nous le voyons, et dont il s'accommode sans trop de peine peut-être.

Mais la guerre contre les Espagnols est recommencée. Un seigneur breton, M. de Rohan, qui vient de lever une compagnie pour la mettre au service du roi [1], et qui a entendu vanter les mérites du jeune barbier, lui propose de se l'attacher en qualité de chirurgien. Ambroise ne résiste pas au désir de se retrouver entièrement libre pour la pratique de cet art qui est la passion de sa vie, de se revoir au milieu de ces blessés « que l'on traite sans fard et sans les mignarder à la façon des villes, et où, le gain n'étant pas en cause, l'on n'agit que pour l'honneur et pour mériter l'amitié de tant de braves soldats auxquels on tâche de sauver la vie. »

Il part ; et pendant vingt ans, avec des intermittences de séjour à Paris quand il y a quelque relâche dans les hostilités, il n'est campagne qu'il ne fasse, champ de bataille où il ne porte non seulement sa science et son zèle, mais encore son inaltérable humanité et son ardent patriotisme. Il a lui-même sommairement rapporté tout ce qu'il a cru digne de mémoire en ses laborieuses et souvent périlleuses pérégrinations. Suivons-le donc à travers les étapes d'une existence non moins utile qu'active, et, aussi souvent que possible, laissons-le faire, en son style plein de franche énergie, les frais du récit.

---

1. En ce temps-là les armées n'étaient pas encore constituées d'une manière régulière et permanente. Les seigneurs levaient, organisaient à leurs frais des compagnies, des régiments, qu'ils conduisaient sous la bannière royale, et dont ils avaient le commandement.

VI

Les aventures d'Ambroise devant Perpignan; et comment il est appelé
à publier son premier livre.

Tout d'abord, en 1543, M. de Rohan l'emmène en
poste au camp devant Perpignan :

« Étant là, écrit-il, les ennemis firent une sortie et
vinrent enclouer trois pièces de notre artillerie; ils
furent repoussés jusqu'auprès des portes de la ville.
Ce qui ne fut pas sans qu'il y eût beaucoup de tués et
de blessés, entre ces derniers M. de Brissac (qui était
alors grand maître de l'artillerie), qui reçut un coup
d'arquebuse (une balle) à l'épaule... Étant arrivé à sa
tente et posé sur son lit, la balle fut cherchée par trois
ou quatre chirurgiens les plus experts de l'armée, lesquels ne la pouvaient trouver, et disaient qu'elle devait
être entrée dans le corps. Enfin il m'appela pour savoir si je pourrais être plus habile qu'eux, parce qu'il
m'avait connu en Piémont. Incontinent l'idée me vint
de le faire lever de dessus son lit, et de lui dire de se
mettre en la même situation où il était lorsqu'il avait
reçu le coup. Ce qu'il fit, prenant une pique dans ses
mains, car ainsi était-il au moment de la blessure. Je
mis alors la main autour de sa plaie, et trouvai la balle
dans la chair, faisant une petite grosseur sous l'omoplate. L'ayant trouvée, je montrai aux chirurgiens l'en-

droit où elle était ; elle fut retirée par M. Nicole Lavernaut, chirurgien de M. le Dauphin ; toutefois *l'honneur m'en demeura pour l'avoir trouvée.* »

Honneur bien mérité, et que la science actuelle défère encore à Paré pour cette inspiration, qui n'était encore venue à aucun praticien, et qui, à la fois si simple et si ingénieuse, est restée comme un précepte classique dans la chirurgie militaire.

En 1544, il assiste au siège de Landrecies, où, en mainte occasion, il fait encore preuve de cette sagacité en quelque sorte instinctive qui est le propre de son esprit, et qui accroît de plus en plus son renom.

En 1545, il est au camp devant Boulogne. Il avoue que là un jour les soldats se moquèrent de lui parce que, sentant le vent d'une balle, il avait « baissé la tête assez bas ». A ce siège assistait le fameux François de Lorraine, duc de Guise [1], qui, s'étant trop aventuré dans une tranchée, fut frappé en plein visage d'une lance qui se rompit et dont le tronçon resta dans la plaie. Blessure terrible, que tous les chirurgiens déclaraient mortelle ; car, disaient-ils, ce qui rend la cure plus impossible, c'est qu'il n'y avait point de prise au tronçon, qui à peine dépassait le visage, et qui, d'ailleurs, était entré si près de l'œil qu'en le retirant, si on parvenait à le retirer, l'œil sauterait : d'où l'on pouvait inférer, sans crainte de se méprendre, qu'autant eût valu que le prince eût été tué raide (*Histoire de l'amiral Coligny*).

Ambroise Paré est appelé, qui, lui aussi, constate l'extrême gravité de la blessure. Toutefois, confiant dans son habileté, et connaissant la force d'âme du

---

1. L'un des hommes de guerre les plus remarquables du siècle, assassiné en 1563 par Poltrot, et père de Henri de Guise, qui fut assassiné à Blois par ordre de Henri III.

FRANÇOIS DE LORRAINE, DUC DE GUISE.

blessé, il lui demande s'il voudra consentir à ce qu'il lui mette le pied sur le visage, afin d'avoir plus de force pour l'extraction du dard.

« Pourquoi non ? dit le prince. N'aimé-je pas mieux què vous me fassiez un peu de mal pour qu'il me vienne un grand bien, que de refuser que vous me soulagiez, par la crainte d'une douleur qui passera dans un moment ? »

Alors Ambroise, s'armant de la tenaille d'un maréchal, se met en besogne, et comme il le dit lui-même, « encore que je dusse faire grande violence, le tronçon fut retiré sans qu'il y eût fracture d'os, nerfs, veines, artères ni autres parties, et, par la grâce de Dieu, mon dit seigneur fut guéri [1] ».

Dieu sait si le fait d'avoir conservé une aussi marquante existence achève d'attirer l'attention sur le jeune chirurgien. Aussi quand, quelques mois plus tard, il est de retour à Paris, où, après chacune de ses brillantes campagnes militaires, il vient modestement reprendre sa trousse de barbier, il arrive qu'un des plus anciens et des plus habiles docteurs de la Faculté, un des oracles de la science, veut voir, veut connaître ce jeune praticien dont on lui a dit merveille.

De son nom français il s'appelle Jacques Dubois, et de son nom latinisé, selon l'usage scientifique du temps, *Jacobus Sylvius*, ce doyen des médecins, disons mieux, des professeurs, car il est anatomiste enseignant, très réellement savant et faisant à bon droit autorité en l'école [2].

---

1. C'est à la cicatrice gardée à la suite de cette blessure que le duc François de Guise dut son surnôm de *balafré*, que d'ailleurs porta aussi son fils, qui, comme lui, reçut une grave blessure au visage.

2. Ses découvertes en anatomie, consignées dans un grand ouvrage, lui ont mérité une place très distinguée dans l'histoire de la médecine.

Il passe pour être le plus avare des hommes , à tel
point qu'il est accusé de ne donner que du pain sec à
ses gens, et que, dit-on, pour se réchauffer en hiver,
il joue au ballon dans sa chambre, ou bien transporte
sur ses épaules une énorme bûche du bas de sa maison
au grenier, et la redescend pour la remonter encore,
affirmant que la chaleur ainsi obtenue lui était plus sa-
lutaire que celle du feu [1]. Toutefois l'amour de la science
l'emporte sur les instincts sordides. Il fait les frais
d'un repas, pour passer quelques instants avec l'habile
barbier.

« Un jour — dit Ambroise — M. Sylvius, lecteur
du roi en médecine, homme grandement estimé entre
les gens doctes, *me pria d'aller dîner avec lui :* ce
que je fis volontiers. Il m'interrogea sur la façon de

On lui attribue généralement l'invention du procédé d'injection des
vaisseaux, qui a fait faire de grands progrès à l'anatomie expérimentale. La sympathie témoignée à Ambroise par Sylvius était d'autant
plus significative, que le vieux docteur, linguiste de premier ordre,
avait eu maille à partir avec les grands dignitaires de la Faculté,
qui refusaient de l'admettre comme étranger au ressort de ladite
corporation, et qu'il s'était en quelque sorte imposé par l'autorité de son grand savoir. Esprit essentiellement progressif d'ailleurs,
ce même Sylvius est connu pour avoir un des premiers réclamé la
reforme de l'orthographe, qu'il déplorait de voir si peu conforme à la
prononciation. Son livre sur ce sujet fut imprimé en 1581, par Rob.
Estienne, sous le titre d'*Introduction à l'étude de la langue française.*
    1. Un plaisant lui composa cette épitaphe anticipée :

> Silvius hic situs est, qui nihil gratis dedit unquam !
> Mortuus est, gratis quod legis ista dolet.

Ce que Robert Estienne traduisit ainsi :

> Ici gît Sylvius auquel oncques (jamais) de sa vie
> De donner rien gratis ne prit aucune envie ;
> Et ores (maintenant) qu'il est mort et tout rongé de vers,
> Encore il a depit qu'on lit gratis ces vers.

Comme on disait que, un peu avant de mourir, Sylvius s'était fait mettre
ses bottes pour rester dans sa chambre, on ajoutait qu'il s'était ainsi
chaussé afin de pouvoir passer le fleuve des enfers sans payer rien à
Caron, etc., etc.

PARÉ OPÉRANT LE DUC DE GUISE.

traiter les coups d'arquebuse et les combustions faites
par la poudre à canon. Tout aussitôt, je lui prouvai
que la poudre à canon n'était nullement vénéneuse,
parce qu'aucun des corps qui la composent n'est véné-
neux, et encore moins leur mélange... Je lui remon-
trai que, pour bien extraire les balles demeurées en
quelque partie du corps, il fallait placer le blessé
dans la position où il était quand il fut frappé ; et je lui
dis encore beaucoup d'autres choses touchant l'art de
chirurgie. Mon discours achevé, il me pria avec grande
affection de le mettre par écrit et de le publier, afin
que les fausses opinions adoptées jusqu'alors pour le
traitement des plaies d'arquebuse fussent détruites :
ce que volontiers je lui crus devoir accorder. »

Voilà donc notre jeune barbier qui, sur le conseil
du vénérable Sylvius, se fait auteur, et donne au public
un livre intitulé :

MÉTHODE DE TRAITER LES PLAIES FAITES PAR LES AR-
QUEBUSES *et autres bâtons à feu, et de celles qui sont
faites par des flèches, dards et semblables, composée
par* AMBROISE PARÉ *de Laval, maître barbier chirurgien
à Paris.*

Et alors voilà bien une autre tempête !

Comprend-on, en effet, ce frater qui s'avise de prendre
la plume au lieu de la lancette ; et qui, comme s'il en
avait doctoralement le droit, proclamant l'erreur de
tel ou tel de ses devanciers, vient exposer des théories,
des méthodes absolument nouvelles, absolument contraires à la plupart des idées reçues !

C'est là déjà, il faut en convenir, une outrecuidance
sans pareille comme sans excuse, et qui suffirait à
ameuter tout ce qui a quelque souci des traditions de
l'école ; mais la plus grande, la plus révoltante mons-

truosité ne réside-t-elle pas dans ce fait anormal, qui
porte en lui-même sa condamnation, à savoir que le
livre, au lieu d'être écrit en latin, comme doivent l'être
tous les livres traitant de matières scientifiques, est
tout simplement, tout vulgairement, tout grossière-
ment rédigé en français, dans la langue que le peuple
parle tous les jours, qui court les rues, ee qui prouve
bien l'ignorance crasse de l'auteur.

Le pauvre Ambroise, ce malavisé, ce téméraire, cet
orgueilleux, qui « d'ailleurs n'a fait que rapporter les
sottises qu'il a recueillies un peu partout, et notamment en ses courses à l'étranger » ; — le pauvre Ambroise voit se déchaîner contre lui, non seulement
tous les suppôts de l'immuable doctrine de l'huile
bouillante et des qualités vénéneuses de la poudre, qui
le vilipendent, qui l'anathématisent à qui mieux mieux
dans leurs discours et dans leurs écrits, mais encore
toute la basse phalange des barbiers qui, pour complaire
aux chirurgiens et aux docteurs, leurs protecteurs naturels, ou par esprit personnel d'envie, se piquent de
répudier cet aventureux, cet irrévérend confrère, cou-
pable à leurs yeux de supériorité notoire.

Ah ! le charmant accord de mépris, l'agréable unis-
son d'injures à l'adresse du prétentieux barbier, qui ne
sait pas se tenir à son rang, et qui va, comme un affolé,
courir l'aventure sur des terres prohibées !

Et pourtant, Dieu merci ! malgré ce terrible déchaî-
nement, ni l'auteur, ni le livre ne s'en portent plus
mal ; et comme, après tout, le livre se vend et trouve
beaucoup de gens pour en faire cas, l'auteur n'a
qu'à laisser tranquillement passer le flot de jalousie, qu'il domine, de son savoir réel et de son vif désir d'être utile ; il n'a qu'à laisser s'éteindre le bruit
que font autour de lui les routiniers et les envieux.

Et c'est ainsi, en effet, qu'il accueille leurs récriminations, c'est ainsi qu'il traite leurs attaques.

« Ils disent, réplique-t-il, que je ne devais pas écrire en français, vu que par ce moyen la médecine en serait méprisée ; ce qui me semble contraire à la vérité, car ce que j'en ai fait est bien plutôt pour la faire estimer et honorer davantage. Qui pourrait anéantir et décrier une doctrine insigne, si précieuse, qui nous a été enseignée et révélée par la volonté de Dieu ? Il faut savoir que plus les sciences sont répandues et plus elles sont louées.

« Car la science et la vertu n'ont pas de plus grand ennemi que l'ignorance. Est-ce que la philosophie d'Aristote, la médecine du divin Hippocrate et de Galien ont été obscurcies et amoindries pour avoir été traduites du grec en latin ou en arabe ? Avicenne, prince de la médecine arabique, n'a-t-il pas traduit plusieurs livres de Galien en son langage ? Par ce moyen la médecine a été honorée en son pays d'Arabie. Pourquoi ne me serait-il pas permis d'écrire en ma langue française, *laquelle est aussi noble que les étrangères ?*

« Au surplus, ajoute-t-il, puisque vous voulez faire de tout cela une question de langue, eh bien ! traduisez mon travail en la langue qu'il vous plaira, et la querelle sera vidée [1]. »

Nette, concluante était cette réplique qui, à vrai dire, ne désarma aucun des ennemis de Paré, mais qui mit les gens sensés de son côté.

Entre temps (1552) et comme Paré venait de faire une seconde édition de son livre, M. de Rohan, qui s'en

---

1. Ce qu'Ambroise Paré propose ici en manière de plaisanterie devint plus tard chose très sérieuse, car un de ses élèves, Jacques Guillemeau, traduisit en latin ses œuvres complètes ; et cette traduction fut souvent réimprimée depuis en France et à l'étranger.

allait guerroyer en Allemagne, l'attacha de nouveau à sa compagnie, laquelle, comme Paré nous l'apprend lui-même, était composée de cinquante hommes d'armes, dont il était le chirurgien.

La campagne à laquelle Ambroise va prendre part est celle qui doit se terminer par le traité dit de Passau, convention qui a pour résultat de mettre une première entrave aux visées ambitieuses du trop remuant empereur Charles-Quint.

VII

La grande humanité d'Ambroise et son horreur pour les engins
de destruction.

« En ce voyage, dit-il, M. de Châtillon, depuis amiral
(de Coligny), commandait, étant chef et colonel de l'infanterie, ayant quatre régiments de lansquenets. Cette
infanterie était fort belle, accompagnée de quinze cents
hommes d'armes (cavaliers) avec la suite chacun de
deux archers, qui pouvaient faire quatre mille cinq
cents chevaux ; et outre deux mille chevau-légers, et
autant d'arquebusiers à cheval. De plus le roi (Henri II)
était accompagné de deux cents gentilshommes, sans
compter le grand nombre de noblesse qui y était venue
pour son plaisir. A sa suite il avait encore, pour lui
servir d'escorte, les gardes françaises, écossaises et
suisses, montant à six cents hommes de pied, et les
compagnies de monsieur le Dauphin, de messieurs de
Guise, d'Aumale et du maréchal Saint-André, qui mon-
taient à quatre cents lances [1]. C'était une chose mer-
veilleuse à voir qu'une aussi belle compagnie.

« En cet équipage, le roi entra dans Toul et Metz. Je
ne veux laisser à dire qu'il fut ordonné que la compagnie de messieurs de Rohan, du comte de Sancerre et
de Jarnac allaient sur les ailes du camp ; et Dieu sait

---

1. Nous avons reproduit ces détails pour donner une idée de la
façon dont étaient alors composées les armées.

comme nous avions disette de vivres, et je proteste à
Dieu que, par diverses fois, je pensai mourir de faim.
Ce n'était pas faute d'argent, car j'en avais assez ; mais
nous ne pouvions avoir des vivres que par force, à cause
que les paysans les retiraient dans les villes ou châteaux.

« Un des serviteurs du capitaine enseigne de la compagnie de M. de Rohan alla, avec quelques autres, pour
vouloir entrer dans une église, où les paysans s'étaient
retirés, pensant trouver des vivres par amour ou par
force ; mais, outre les autres, celui-là fut très bien battu ;
car il reçut sept coups d'épée à la tête. Le moindre
pénétrait la seconde table du crâne ; il en avait quatre
autres sur les bras, et un sur l'épaule droite, qui cou-
vrait plus de la moitié de l'omoplate ou paleron. Il fut
rapporté au logis de son maître, lequel voyant qu'il
était aussi blessé, et qu'on devait partir le lendemain
dès la pointe du jour, et n'estimant pas qu'il dût jamais
guérir, fit faire une fosse, et le voulait faire jeter dedans, disant qu'aussi bien les paysans le tueraient et
massacreraient

« Ému de pitié, je lui dis qu'il pourrait encore guérir
s'il était bien pansé. Plusieurs gentilshommes de la
compagnie le prièrent de le faire mener avec le bagage,
puisque j'avais la volonté de le panser : ce que monsieur de Rohan accorda.

« Après qué je l'eus habillé (pansé), il fut mis sur un
lit très bien accommodé, en une charrette qu'un cheval
traînait. Je lui servis de médecin, d'apothicaire, de
chirurgien et de cuisinier. Je le pansai jusqu'à la fin
de la cure, et Dieu le guérit. Si bien que tous ceux de
ces trois compagnies [1] admiraient cette cure. Les

1. Compagnies de Rohan, Sancerre et Jarnac, qui opéraient de
conserve.

AMIRAL COLIGNY.

hommes d'armes de la compagnie de monsieur de Rohan, à la première *montre* (revue) qui se fit, me donnèrent chacun un écu, et les archers un demi-écu. »

Cette simple histoire met en pleine lumière la profonde et sincère humanité qu'inspirait à Paré le zèle pour son art.

Il ne s'agit plus ici, comme sous les murs de Boulogne, d'un de ces grands, de ces notables personnages dont le nom est dans toutes les bouches, dont la perte serait considérée comme un deuil national, et dont le salut peut valoir au sauveur les hommages d'une gratitude en quelque sorte universelle. Point : le patient est un pauvre et obscur serviteur du capitaine porteenseigne de la compagnie ; les coups des ennemis l'ont mis en tel état que le misérable est tenu pour mort, si bien que, pour éviter qu'il soit achevé par les paysans, la fosse est creusée où l'on va l'enfouir tout vif [1]. Paré, vu le peu d'importance du personnage, sa situation désespérée, et la quantité de soins empressés et délicats qu'il devra lui prodiguer pour le conserver à la vie, pourrait s'abstenir, sans encourir le moindre blâme. Mais non : lui, praticien habitué aux affreux spectacles, familier avec les horribles cruautés de la guerre, il s'émeut de pitié aussi bien quand le navré est un simple valet d'armes que quand il porte le nom de Guise ou de Lorraine. Conserver la vie humaine est sa tâche, qu'il accomplit, obéissant à une sorte de commandement suprême. « Cet homme peut être sauvé, » dit-il, parce que telle est sa conviction.

Il semblerait d'ailleurs que le chef, s'alléguant à lui-

---

1. Système *d'assistance* analogue à celui que Paré nous a signalé avec horreur lors de son entrée à Suze (ch. IV).

même la raison d'embarras, ne se rende pas aussitôt. Il y faut l'intervention de plusieurs gentilshommes.

La permission octroyée, nous voyons à l'œuvre le

ARCHERS DE LA GARDE DU ROI.

zélé, l'infatigable guérisseur ; en deux lignes il nous révèle toutes les minuties de son rôle multiple. Médecin, apothicaire, chirurgien et *cuisinier* : à savoir que le

PORTE-ENSEIGNE.

patient, bien accommodé sur la charrette, qui va au pas à la suite de la compagnie, est l'objet constant d'une sollicitude qui s'étend du pansement habile aux moindres prescriptions d'hygiène, de l'administration des remèdes au choix et à la préparation des aliments.

Il traite, Dieu guérit; et, comme chose toute naturelle, il nous conte que les gens de la compagnie s'associent spontanément pour l'offre d'un tribut: grosse somme après tout, qu'il accepte par manière de dégager ces braves gens d'une dette de reconnaissance. « J'ai fait mon métier, semble-t-il nous dire ; ils m'ont payé, bien payé. Quitte à quitte[1]. »

Mais, au fond, ce qui ressort avant tout de cette prouesse de science et de dévouement, c'est le noble plaisir d'avoir ravi cette victime à ce monstre appelé la guerre, contre lequel il ne saurait proférer assez de malédictions.

1. Nous pourrions multiplier les traits démontrant avec quelle véritable passion de charité Ambroise Paré exerçait son ministère. En voici un qui mérite particulièrement d'être cité. C'était pendant cette même campagne de Piémont où Paré renonça à l'emploi de l'huile bouillante. « Un pauvre soldat, écrit-il, reçut au bras gauche, près la jointure de la main, un coup d'arquebuse ; la balle avait dilacéré et rompu plusieurs os, tendons et autres parties nerveuses ; survint gangrène, qui remontait jusqu'à la jointure du coude et jusqu'à l'épaule ; la moitié du thorax était en grande inflammation, et le malade avait déjà hoquet, syncopes et inquiétudes, et autres mauvais accidents qui sont autant de signes de mort. C'est pourquoi ce pauvre soldat fut abandonné de plusieurs chirurgiens, et je fus prié par quelqu'un de ses amis de le visiter ; ce que je fis... (Ici tous les détails techniques de la cure entreprise ; amputations, cautérisations, incisions, applications de topiques, administration de remèdes). Or je ne puis omettre à raconter que quinze jours après il survint au pauvre soldat gangrené un spasme, que j'avais d'ailleurs pronostiqué, à cause du froid, car il était mal couché en un grenier, n'ayant qu'une légère couverture, exposé à tous vents, sans feu et autres choses nécessaires à la vie humaine. Le voyant en tel spasme, les membres rétractés, les dents serrées, les lèvres et toute la face tournée, comme s'il dût être pris du ris sardonique, qui sont signes manifestes de convulsion, ému de pitié, et dé-

Car, notons-le bien, jamais la passion professionnelle proprement dite n'a faite démentir en lui la première inspiration qui l'a porté vers l'art chirurgical. Il garde bien vivace cette grande, cette majeure préoccupation de combattre la souffrance, de disputer à la mort tant de proies que l'ignorance ou l'incurie lui abandonnent; et s'il sait, au milieu des camps, la lancette, le couteau ou la scie à la main, garder le sang-froid nécessaire à la pratique de son ministère, ce n'est jamais sans horreur qu'il envisage l'épouvantable fléau dont il est l'opiniâtre adversaire; ce n'est jamais sans être remué jusqu'au fond de l'âme, qu'il considère la pauvre humanité vouée à tant de maux, affligée de tant de désastres.

Nous aurons plus d'une fois l'occasion de l'entendre maudire la guerre en général; mais écoutons-le parler de ces engins de destruction dont il s'évertue à réparer les funestes atteintes.

sirant faire le *dû* de mon art, ne pouvant autre chose lui faire, je le fis mettre en une étable, en laquelle il y avait grand nombre de bétail et grande quantité de fumier; je trouvai moyen d'avoir du feu en deux réchauds, près desquels je lui frottai la nuque, les bras, la jambe, avec liniments convenables. Après j'enveloppai le malade en un drap chaud, le plaçant sur le fumier, l'ayant premièrement garni et couvert de paille blanche; puis il fut très bien couvert de ce fumier, où il demeura trois jours et trois nuits sans se lever... Bientôt lui survint un flux de ventre et une grosse sueur; puis il commença un peu à ouvrir la bouche; la lui maintenant ouverte à l'aide d'un instrument (dont il donne la figure) et comme il ne pouvait mâcher, je lui faisais donner du lait et des œufs mollets : par ce moyen il fut guéri de ces spasmes. Je suivis ensuite la cure du bras (autres détails du traitement, qui s'achève par des fumigations de plantes aromatiques), enfin *fut guéri le pauvre soldat.* C'est pourquoi, conclut le praticien, il faut que le chirurgien ait toujours devant les yeux que Dieu et nature lui commandent de ne laisser jamais les malades sans faire toujours son devoir, bien qu'il voie tous signes mortels; car nature fait souvent ce qu'il semble au chirurgien être impossible... »

En tête de son livre des *Plaies d'arquebuse*, il croit devoir, pour « mettre le lecteur en goût, avant que le présenter à une table diversifiée de tant de mets et fricassée de poudre à canon, s'arrêter un peu à cette invention si dommageable au genre humain. »

D'après l'opinion de Polydore Virgile, il dit que l'artillerie aurait été inventée par un Allemand de basse condition, *né pour la ruine et destruction des hommes* [1]. Puis il cite l'usage des *bombardes* à une bataille navale sur les côtes d'Espagne au XIIe siècle, et il constate avec une évidente satisfaction que l'inventeur de cette machine a eu pour récompense que son nom et sa profession ont été inconnus de tous, « comme indigne de mémoire pour une si malheureuse et damnable invention ».

« Depuis, continue-t-il, à cette première invention des *bombardes*, invention de soi rude et imparfaite, le temps, l'art et surtout la malice des hommes ont beaucoup ajouté... De là sont venus ces horribles monstres de canons, doubles canons, mousquets et pièces de campagne, ces furieuses bêtes de coulevrines, serpentines, basilics, faucons, sacres, verses, flûtes, orgues [2] et autres espèces, toutes de divers noms, non seulement pris de leurs figures et qualités, mais bien da-

---

1. Toutes les recherches faites sur l'invention de la poudre n'ont abouti qu'à des hypothèses qui en fin de compte laisseraient croire que le secret de cette composition aurait été transmis aux peuples de l'Occident, à une époque qu'il est impossible de déterminer, par des Orientaux qui l'auraient apporté de la Chine, où il était connu depuis les temps les plus reculés.

2. Les *orgues*, comme l'indique la forme analogique de leur nom étaient des machines composées d'un ensemble de *tuyaux à feu*, montés sur un même affût, et auxquels la même traînée de poudre mettait simultanément le feu. Cet engin, très explicitement décrit et figuré dans le traité de *Pyrotechnie* d'Hanzelet, publié en 1630, peut être considéré comme l'ancêtre de notre mitrailleuse. Le même ou-

vantage de leur effet et cruauté, et à présent les *carcasses d'enfer*[1]. En quoi, certes, se sont montrés sages et bien entendus ceux qui leur ont imposé de tels noms qui sont pris non seulement des animaux les plus *ravissants* (féroces, rapaces), comme sacres[2] et faucons, mais aussi des plus pernicieux ennemis du genre humain, comme serpents, basilics, etc., pour montrer que telles machines n'ont été inventées à autre fin et intention que pour ravir promptement et cruellement la vie aux hommes, et qu'en les entendant seulement nommer, nous les eussions en horreur et détestation.

« De cette misérable boutique et magasin de cruautés sont venus les mines, contre-mines, sapes, pots à feu, grenades, fagots brûlants, carreaux, carcasses d'enfer, très misérables inventions par lesquelles nous voyons souvent une milliasse de pauvres hommes fricassés sous une mine ou casemate, et les autres, en l'ardeur du combat, blessés quoique légèrement de quelques-uns de ces engins, brûlent cruellement dans leurs harnais sans même que les eaux puissent éteindre la furie du feu.

« Ce n'était donc pas assez d'avoir armé le fer et le feu contre nous, si même, pour hâter le coup, on n'eût comme donné des ailes à telles armes, les faisant voler aux dépens de notre vie, appropriant des ailes à

vrage décrit non seulement l'arquebuse se chargeant par la culasse, « invention fort belle et utile, dit l'auteur, d'autant qu'il arrive quelquefois l'on est serré en des lieux où l'on n'a pas commodité de se retourner pour les charger (par la bouche), mais encore on y voit l'arquebuse pouvant tirer plusieurs coups, qui n'est autre que le moderne revolver.

1. Machines infernales ou mines contenant de grandes quantités de matières explosibles.

2. Nom d'un oiseau de proie employé en vénerie. Le sacre d'artillerie était une bouche à feu que l'on chargeait de « plusieurs livres de balles ».

PIÈCES D'ARTILLERIE DIVERSES DU XVIᵉ SIÈCLE :
FAUCONNEAU, COULEVRINE, SACRE.

la mort, pour accabler l'homme plus promptement..

« Aussi est-ce à bon droit que nous détestons l'auteur d'une si dommageable et pernicieuse invention;

CANON DE FER A PIVOT.

comme, au contraire, nous devons estimer dignes de grandes louanges ceux qui par parole tâchent de détourner les princes et rois de la pratique d'une si misérable et funeste machine [1], ou qui, par effets ou écrits, s'étudient à donner quelques remèdes à ceux qui en auraient été atteints — ce qui m'a ému (poussé) presque le premier entre les Français à écrire sur cette matière... »

Voilà, n'est-ce pas, le procès magistralement fait à ces terribles machines qui deviennent de jour en jour plus

ARTILLERIE FRANÇAISE (XVIᵉ SÈCLE).

meurtrières, et qui, tout en ouvrant le champ plus large à la science et à l'ingéniosité du chirurgien, ne laissent pas cependant d'attrister son âme par la vue des maux atroces qu'elles causent, et qu'il déplore de

1. A la vérité Paré ne fait ici qu'interpréter le sentiment d'aversion qu'inspirait aux gentilshommes l'usage de la poudre, qui, disaient-ils, ôtait à la guerre tout son héroïque caractère de lutte audacieuse et vaillante, et tendait à substituer l'art technique et mécanique de détruire à la bravoure individuelle. D'ailleurs les armes à feu, d'un emploi encore aussi difficile que peu sûr, n'étaient alors considérées que comme des accessoires dont le maniement, répudié par tout ce qui tenait de près ou de loin à la chevalerie, était laissé à des combattants ou *servants* d'ordre inférieur ; et l'on comprendra qu'il y eût encore des tentatives faites auprès des chefs d'État pour les engager à proscrire ces engins, dont l'usage amoindrissait la noble profession des armes.

ne pouvoir atténuer dans la mesure de son inaltérable
charité.

Guérir est naturellement son but, mais concilier autant que possible avec les pratiques de l'art l'adoucis-

sement des moyens de guérison, tel est, en outre, l'objet de son incessante préoccupation. Le caractère essentiel de cette personnalité, à la fois si puissante et si sympathique, consiste d'ailleurs en l'étroite union des vues audacieuses de la science et du désir constant de rendre la pratique de son art aussi douce, aussi humaine que possible.

Nous avons vu sa joie le jour où, ayant reconnu que la poudre n'est pas vénéneuse, il démontre qu'il est inutile d'infliger le martyre de l'huile bouillante aux blessés. Il ne doit pas s'en tenir là.

VIII

Et d'abord extrayons quelques lignes du récit qu'il place dans ses mémoires, sous le nom de *Voyage de Danvilliers*, en cette même année 1552.

« Au retour du camp d'Allemagne, le roi Henri II assiégea Danvilliers. Ceux du dedans ne se voulaient rendre. Ils furent bien battus, et la poudre nous manqua. Cependant les assiégés tiraient toujours sur nos gens. Il y eut un coup de coulevrine qui passa au travers de la tente de monsieur de Rohan, et donna contre la jambe d'un gentilhomme qui était à sa suite. Il me fallut parachever de couper cette jambe; ce que je fis sans appliquer *les fers ardents*... Le siège achevé, l'on décampa, je m'en retournai à Paris avec mon gentilhomme auquel j'avais coupé la jambe. Je le pansai, Dieu le guérit. Je le renvoyai en sa maison, gaillard avec une jambe de bois, et disant qu'il en était quitte à bon marché, parce qu'on ne lui avait pas *appliqué le feu pour lui étancher le sang.* »

Or qu'est-ce donc que ces fers ardents, que cette application du feu dont il est ici question pour en constater l'heureuse absence ?

Nous devons savoir que cette même école chirurgicale qui, sous prétexte que la poudre était vénéneuse,

versait l'huile bouillante sur toutes les plaies faites par
les projectiles des armes à feu, consacrait encore cet autre procédé barbare d'étancher le sang qui coulait des
artères dans les cas d'amputation d'un membre, en ap-
pliquant sur la section de ces vaisseaux un fer ardent.
On imagine l'horrible douleur des malheureux qui, venant de subir déjà les cruelles morsures de la scie et
du couteau, devaient encore endurer l'effroyable con-
tact, qui seul était alors reconnu efficace pour enrayer
l'hémorragie[1]. Telle était la méthode établie, consacrée;
et nul dans le corps chirurgical ne semblait croire
qu'elle pût être modifiée ou remplacée. Lorsque Ambroise, le barbier, s'en alla exercer dans les camps, tout naturellement il dut, le cas échéant, se conformer à la tradition; mais Dieu sait à quelle épreuve sa nature compa-
tissante était soumise quand, après avoir, avec sa dextérité habituelle, procédé à quelque amputation, il devait soumettre le patient à cet atroce supplice du feu.

Il fit sur ce sujet de longues et profondes réflexions.

Un jour cependant, à Paris, où il revenait après ses
diverses campagnes, et où les clients recouraient volontiers à son habileté devenue notoire, il se prit à rai-
sonner d'après quelques faits de sa pratique journalière.

« Un marchand demeurant rue Saint-Denis étant
tombé sur la tête se fit une plaie près le muscle temporal, où il eut une artère ouverte, de laquelle le sang
sortait fort impétueusement, de façon que les remèdes
ordinaires ne pouvaient suffire à l'étancher. Je fus
appelé; je trouvai là trois chirurgiens jurés qui se
demandaient comment arrêter le sang. Je pris une

---

1. Le fameux anatomiste Fallope faisait mieux : pour trancher primitivement les chairs, il se servait d'un couteau chauffé à blanc, ce
qui ne l'empêchait pas d'appliquer ensuite le fer rouge sur les vaisseaux.

HENRI II.

aiguille enfilée, je liai l'artère ; et depuis l'homme ne saigna plus ; et il fut bientôt guéri. Ni à ces chirurgiens, ni à moi, l'idée aurait-elle pu venir d'appliquer les fers ardents sur la tempe de cet homme?

« Un sergent du Châtelet, qui s'était allé battre au pré aux Clercs[1], y reçut un coup d'épée à la gorge, qui coupait tout en travers la veine jugulaire externe. Sitôt qu'il fut blessé, il mit son mouchoir sur la plaie, et me vint trouver en ma maison; lorsqu'il ôta son mouchoir, le sang sortait avec une grande impétuosité. Aussitôt je liai la veine vers sa racine ; par ce moyen le sang fut étanché, et l'homme fut guéri grâce à Dieu. Que fut-il advenu, au contraire, si on se fût avisé de vouloir arrêter le sang par les fers ardents? Certainement il serait mort entre les mains de l'opérateur. »

« Si donc pour des accidents de ce genre où l'application du feu serait impossible, il arrive que, sans douleur, sans brûlure, on enraye tranquillement l'hémorragie et assure la guérison du patient, pourquoi n'en serait-il pas de même quand il s'agit du retranchement d'un membre? Pourquoi ne pas lier les artères, ce qui les clorait solidement, au lieu de les brûler, ce qui ne fait que les fermer momentanément par l'effet d'une horrible contraction, sans que par la suite il y ait garantie suffisante contre l'hémorragie que peut produire l'énergie de la fièvre? »

Ainsi a raisonné le jeune praticien, et s'étant ouvert de cette pensée à certains de ses confrères barbiers, qui n'ont pu qu'en approuver la justesse, il n'attend plus que l'occasion de démontrer par l'expérience le bien fondé de sa déduction.

Cette occasion il la trouve au cours du *voyage de*

1. C'était là qu'avaient ordinairement lieu les duels.

Danvilliers : et nous savons déjà le succès obtenu par l'expérience faite sur le gentilhomme qui « s'en va gaillard avec une jambe de bois, s'estimant heureux qu'on ne lui eût pas *appliqué le feu* ».

Dès ce jour, c'en est fait pour Ambroise de la vieille pratique, qu'il relègue dans les cruels souvenirs de l'ancienne chirurgie, avec l'huile bouillante et l'empoisonnement par la poudre. Encore une fois les routiniers crient à l'irrévérence et à l'abomination. Quelques-uns même accusent le méchant frater, « homme sans jugement et expérience, allant à l'encontre de tous les anciens médecins, d'avoir imaginé une nouvelle cruauté sentant plus son bourreau que son chirurgien méthodique ».

Mais encore une fois Ambroise laisse dire, « sachant bien que les réponses et répliques dont nous voulons nous aider pour clore la bouche des médisants, servent bien souvent plutôt à les faire parler davantage qu'autrement ; et qu'il n'y a aucun moyen meilleur d'assoupir telles querelles que de ne dire mot, comme nous voyons que le feu s'éteint quand on lui ôte le bois. »

Quoi qu'il en soit, et le temps étant laissé aux clameurs vaines de s'apaiser, cette simple mais très audacieuse découverte ne marque pas moins dans l'histoire de la science une de ces dates glorieuses que le génie seul à le privilège d'y inscrire.

Et toutefois le hardi, le sagace novateur, à qui l'art de guérir doit déjà tant de notables progrès, n'est encore investi que du simple titre de maître barbier chirurgien ; et quand il n'est pas à la suite des armées, on le trouve encore abrité dans une rue de Paris, sous une enseigne où la lancette avoisine le plat à barbe et le fer à friser...

Mais patience...

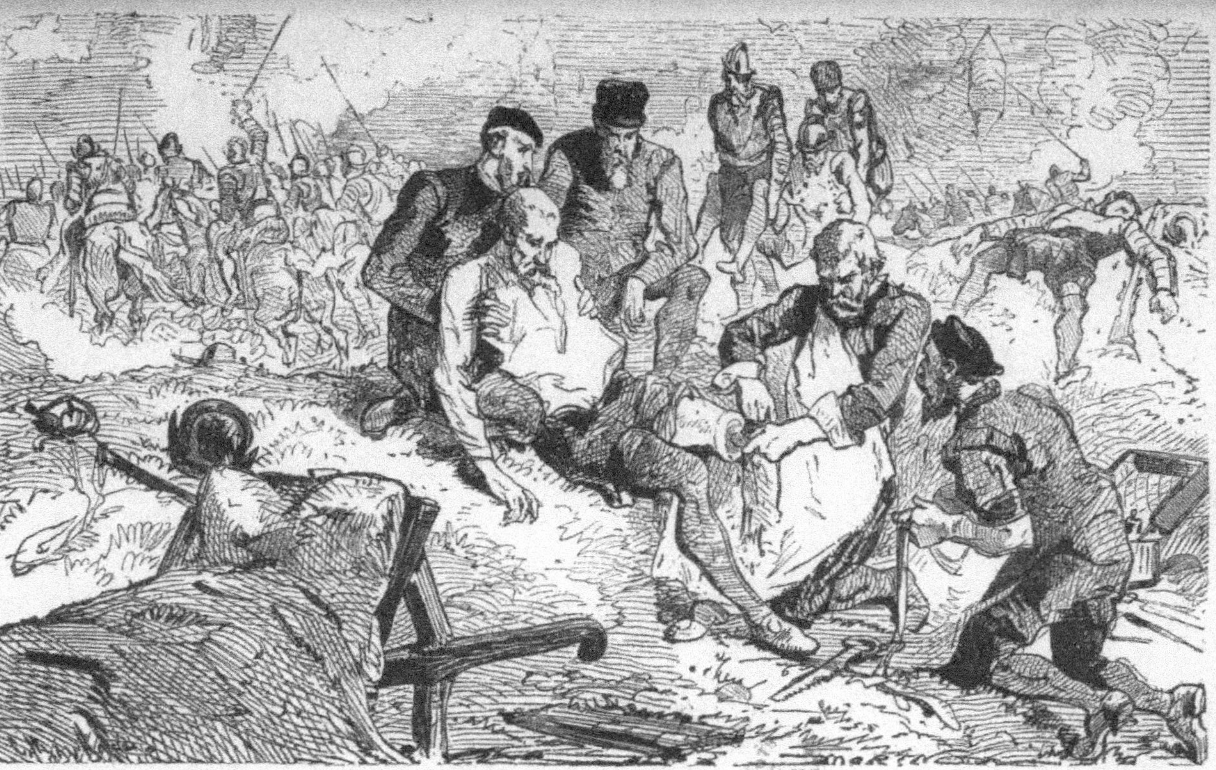

LIGATURE DES ARTÈRES.

IX

Toujours sous cette même date de 1552, et sous le titre de *Voyage de Château-le-Comte*, Paré écrit ceci :

« Quelque temps après, le roi Henri fit lever une armée de trente mille hommes, pour aller faire du dégât autour de Hesdin (place forte de Picardie). Le roi de Navarre, qu'on appelait pour lors M. de Vendôme [1], était chef de l'armée. Étant à Saint-Denis en France, pendant que les troupes défilaient, il m'envoya querir à Paris pour lui aller parler ; étant là. il me pria (sa prière m'était un commandement) de vouloir le suivre en ce voyage. Et voulant faire mes excuses, disant que ma femme était au lit malade, il me fit réponse qu'il y avait des médecins à Paris pour la traiter, et qu'il laissait bien la sienne qui était d'aussi bonne maison que la mienne ; me promettant qu'il me traiterait bien, il voulut que dès lors je fusse couché en son état (inscrit parmi les gens de sa suite).

« Voyant cette grande affection qu'il avait de me mener avec lui, je ne l'osai refuser.

« Je l'allai donc trouver au Château-le-Comte, à trois ou quatre lieues près de Hesdin, là où il y avait des

1. C'est le père de Henri IV.

soldats impériaux en garnison, avec nombre de paysans d'alentour. Il les fit sommer de se rendre, et ils firent réponse qu'ils ne les auraient jamais que par pièces; qu'il fît du pis qu'il pourrait, et qu'eux feraient du mieux à se défendre. Ils se fiaient en leurs fossés qui étaient pleins d'eau; mais en deux heures, avec grand nombre de fascines et certains tonneaux, on fit chemin pour passer les gens de pied; ils furent battus de cinq canons et on fit une brèche suffisante; mais les assiégés sortirent vivement et tuèrent beaucoup des nôtres.

« Quand ils se virent forcés, ils mirent le feu en leurs poudres et munitions, dont eux et les nôtres furent la plupart brûlés; et quant à eux, ils furent presque tous mis au fil de l'épée. Toutefois quelques-uns de nos soldats en avaient pris et gardés vivants vingt ou trente, espérant en avoir rançon [1]; cela étant su, il fut arrêté par le conseil qu'il serait crié à son de trompe partout que tous soldats qui avaient des Espagnols prisonniers eussent à les tuer, sous peine d'être pendus et étranglés. *Ce qui fut fait de sang-froid* [2]. »

« De là —continue Paré qui ne signale pas sans une évidente horreur ces sauvages procédés — nous allâmes brûler plusieurs villages, *dont les granges étaient toutes pleines de grains...* »

« Après cela l'on décampa et je m'en retournai à

1. Il était encore de coutume que les prisonniers se rachetassent moyennant une somme qui profitait à celui qui les avait capturés. Nous citons ici ce fait comme trait de mœurs, mais nous allons plus loin le voir se rattacher à notre récit.

2. Ces cruautés, peu conformes aux antécédents chevaleresques des armées françaises, n'étaient commises évidemment là qu'à titre de représailles, les Espagnols ayant apporté au cours de cette guerre leurs manières d'agir avec les naturels du nouveau monde récemment conquis par eux.

ANTOINE DE BOURBON, ROI DE NAVARRE.

Paris; mais je ne veux oublier à écrire que le lendemain que Château-le-Comte fut pris, M. de Vendôme envoya un gentilhomme signalé (notable) vers le roi pour lui faire rapport de tout ce qui s'était passé, et entre autres propos dit au roi que j'avais fort bien fait mon devoir à panser les blessés, que je lui avais montré dix-huit balles que j'avais tirées de leurs corps... et il lui dit *plus de bien de moi qu'il n'y en avait la moitié.*

« Alors le roi dit qu'il voulait que je fusse à son service, et commanda à M. de Goguier, son premier médecin, qu'il eût à m'écrire qu'il me retenait à son service, pour être l'*un de ses chirurgiens ordinaires*, et que je l'allasse trouver à Reims dans les dix ou douze jours.

« Je fis donc ainsi; et le roi me fit cet honneur de me commander que j'eusse à demeurer auprès de lui, et qu'il me ferait du bien.

« Alors je le remerciai bien humblement de l'honneur qu'il lui plaisait de me faire, de m'appeler à son service. »

Ainsi voilà notre Ambroise, simple *barbier* de par la Faculté, déclaré *chirurgien* de par la volonté royale.

Que va dire la Faculté?

Peu importe pour le moment. Le nouveau titulaire a autre chose à faire que d'aller demander aux docteurs en *us* de la capitale la consécration de son titre; car ce n'est pas une sinécure que le roi Henri II vient de lui conférer.

X

1552 : c'est la date de ce fameux siège de Metz, si terrible, mais si glorieux pour l'héroïsme français, qui devait infliger une si grave et si pénible déconvenue à l'empereur Charles-Quint, et obscurcir l'éclat de son orgueilleuse étoile.

Plusieurs contemporains ont retracé ce grand épisode de notre vieille histoire, mais nul peut-être n'en a rendu avec plus de vérité l'émouvante physionomie qu'Ambroise Paré , à la fois acteur et spectateur de ce drame de l'honneur national. Et toutefois, quand de modernes historiens ont voulu refaire la peinture de ce siège, la plupart ont dédaigné de recourir à son récit. N'hésitons donc pas à tirer de l'ombre où on l'oublie cette vivante page de nos annales. Ne fût-elle qu'une digression pure au milieu de ce récit — et ce n'en est pas une — elle ne laisserait pas que d'ajouter un titre de plus aux titres déjà nombreux de notre héros.

« L'empereur [2] ayant assiégé Metz avec plus de six-vingt (cent vingt) mille hommes et au plus fort de l'hi-

---

1. Ambroise Paré avait alors trente-cinq ans.
2. Charles-Quint.

ver [1], comme chacun sait de bonne mémoire. Il y avait en la ville de cinq à six mille hommes, entre autres sept princes : à savoir M. le duc de Guise [2], lieutenant du roi, MM. d'Anguin, de Condé, de Montpensier, de la Roche-sur-Yon, de Nemours et plusieurs autres gentilshommes, avec un nombre de vieux capitaines et gens de guerre, lesquels faisaient souvent des sorties sur les ennemis, ce qui ne se faisait pas sans qu'il en demeurât tant d'une part que d'autre.

« Nos gens blessés mouraient quasi tous, et on croyait que les drogues dont ils étaient pansés fussent empoisonnées. Ce qui fut cause que M. de Guise et MM. les princes firent tant qu'ils mandèrent au roi que, s'il était possible, on m'envoyât vers eux avec des drogues, les leurs devant être empoisonnées, vu que de leurs blessés peu en réchappaient. Je crois qu'il n'y avait aucun poison, mais les grands coups de coutelas et d'arquebuses, et l'extrême froid en étaient cause.

« Le roi fit écrire à M. le maréchal de Saint-André, qui était son lieutenant à Verdun, qu'il trouvât moyen de me faire entrer à Metz par quelque façon que ce fût. Le seigneur maréchal de Saint-André et M. le maréchal de Vieille-Ville gagnèrent un capitaine italien, lequel leur promit de m'y faire entrer; ce qu'il fit, et pour cela il eut quinze cents écus.

« Le roi ayant entendu la promesse qu'avait faite le capitaine italien, m'envoya querir, et me commanda de prendre de son apothicaire, nommé Daigne, tant et telles drogues que je verrais être nécessaires pour les blessés assiégés. Ce que je fis, tant qu'un cheval de poste en pouvait porter.

1. Le siège commença le 19 octobre 1552.
2. Le même qu'Ambroise Paré avait opéré devant Boulogne.

CHARLES-QUINT.

« Étant arrivé à Verdun quelques jours après, M. le maréchal de Saint-André fit donner des chevaux pour moi, pour mon homme (son domestique) et pour le capitaine italien, lequel parlait fort bon allemand, espagnol, et wallon [1], avec sa langue maternelle.

« Quand nous fûmes à huit ou dix lieues près de Metz, nous n'allions plus que de nuit ; et, étant près du camp, je vis à plus d'une lieue et demie des feux allumés tout autour de la ville ; de sorte que la terre fût quasi tout enflammée : je croyais que nous ne pourrions jamais passer au travers de ces feux sans être découverts, et par conséquent pendus et étranglés, ou mis en pièces, ou contraints de payer une grosse rançon.

« Toutefois Dieu conduisit si bien notre affaire que nous entrâmes dans la ville à minuit, moyennant un certain signal que le capitaine avait avec un autre capitaine de la compagnie de M. de Guise, lequel seigneur j'allai trouver en son lit, et qui me reçut de bonne grâce, étant fort joyeux de mon arrivée.

« Il commanda qu'on me donnât un logis, et que je fusse bien traité ; il me dit que je ne manquasse le lendemain de me trouver sur la brèche, où je trouverais tous les princes et seigneurs et plusieurs capitaines. Ce que je fis. Tous me reçurent avec une grande joie, me faisant cet honneur de m'embrasser et de me dire que j'étais le bienvenu, ajoutant qu'ils n'avaient plus peur de mourir s'il arrivait qu'ils fussent blessés.

« Un peu après, M. le prince de la Roche-sur-Yon

---

1. Langue parlée dans les provinces méridionales de la Belgique actuelle, et que l'on regarde comme un reste de l'ancien idiome gaulois.

me pria d'aller voir un de ses gentilshommes nommé M. de Maguane, à présent chevalier de l'ordre du roi, lequel eut la jambe rompue d'un éclat de canon. Je le trouvai au lit, sa jambe ployée et courbée sans aucun appareil dessus, parce qu'un gentilhomme lui promettait guérison en ayant son nom et sa ceinture, et avec certaines paroles [1].

« Le pauvre gentilhomme pleurait et criait de la douleur qu'il sentait, ne dormant ni jour ni nuit, il y avait quatre jours. Alors je me moquai fort de cette importune et fausse promesse.

« Promptement je raccommodai, rhabillai si adroitement sa jambe qu'il fut bientôt sans douleur et dormit toute la nuit. Et depuis il fut, grâce à Dieu, guéri. M. de la Roche-sur-Yon m'envoya un tonneau de vin, plus gros qu'une pipe d'Anjou, en mon logis, et me fit dire que lorsqu'il serait bu, il m'en enverrait d'autre. C'était d'ailleurs à qui me traiterait, me faisant tous bonne chère.

« Sur l'ordre de M. de Guise, j'allai voir les soldats blessés qui étaient en grand nombre à l'Hôtel-Dieu ; ce que je fis, et je puis assurer que je ne pouvais abonder (suffire) à répondre aux blessés qui m'envoyaient querir pour les visiter et panser. Tous les seigneurs assiégés me prièrent de soigner avec sollicitude, par-dessus tous les autres, M. de Pienne, qui avait été blessé sur la brèche d'un éclat de pierre, d'un coup de canon, à la tempe, avec fracture et enfonçure de l'os. Il fut trépané à côté du muscle temporal, sur l'os coronal. Je le pansai avec quelques autres chirurgiens, et Dieu le gué-

---

1. Ces prétendues façons de guérir étaient encore fort répandues, même parmi les gens qui auraient dû se trouver au-dessus de telles sottises. Nous en verrons plus loin d'autres exemples bien caractéristiques.

HOMME D'ARMES PORTANT L'ARQUEBUSE A MÈCHE
ET LA FOURCHETTE D'APPUI POUR LE TIR.

rit, et aujourd'hui[1] il est encore vivant, Dieu merci.

« L'empereur faisait faire la batterie de quarante doubles canons, où la poudre n'était épargnée ni jour, ni nuit.

« Sitôt que M. de Guise vit l'artillerie assise et braquée pour faire brèche, il fit abattre les maisons les plus proches pour remparer (former rempart) ; et les poutres et solives étaient rangées bout à bout ; entre deux des fascines, de la terre, des lits et balles de laine ; puis on remettait encore par dessus d'autres poutres et solives. Or beaucoup de bois des maisons des faubourgs, qui avaient été mises par terre (de peur que l'ennemi ne s'y logeât à couvert, et ne s'aidât du bois), servit bien à remparer la brèche.

« Tout le monde était occupé à porter la terre pour la réparer jour et nuit. MM. les princes, seigneurs et capitaines, lieutenants, enseignes, portaient tous la hotte pour donner exemple aux soldats et citoyens à faire le semblable : ce qu'ils faisaient même jusqu'aux dames et demoiselles, et ceux qui n'avaient de hottes s'aidaient (se servaient) de chaudrons, paniers, sacs, linceuls (draps de lits) et tout ce qu'ils pouvaient pour porter la terre : en sorte que l'ennemi n'avait pas sitôt abattu la muraille qu'il ne trouvât derrière un rempart plus fort.

« La muraille étant tombée, nos soldats criaient à ceux du dehors : *Au renard ! au renard ! au renard*[2] *!* et se disaient mille injures.

« M. de Guise fit défense, sur peine de la vie, qu'au-

---

1. Ambroise Paré écrit une vingtaine d'années après le siège.

2. Crier à quelqu'un Au renard ! c'est se moquer de lui parce qu'il a été dupe (*Dictionn. des proverbes*). Dans le *Roman comique* de Scarron, un des personnages qui a été trompé dit : « Ils criaient sur moi : Au renard ! »

cun n'eût à parler à ceux du dehors, de peur qu'il n'y
eût quelque traître qui leur donnât avertissement de
ce qui se faisait dans la ville.

« La défense faite, ils attachaient des chats vivants
au bout de leurs piques, et les mettaient sur la muraille et criaient avec les chats : Miau ! miau [1] !

« Véritablement les Impériaux avaient grand dépit
d'avoir été si longtemps à faire brèche avec grande
dépense, qui était large de quatre-vingts pas, pour entrer cinquante hommes de front, et trouvaient un
rempart plus fort que la muraille. Ils se jetaient sur
les pauvres chats et les tiraient à coups d'arquebuse
comme on fait au papegault.

« Nos gens faisaient souvent des sorties par le commandement de M. de Guise. Un jour auparavant, il y
avait presse à se faire enrôler, entre ceux qui devaient
sortir, et notamment la jeune noblesse, menés par
capitaines expérimentés ; de manière que c'était leur
faire une grande faveur de leur permettre de sortir et
courir sus à l'ennemi : ils sortaient toujours en nombre de cent ou dix vingts [2] bien armés de rondaches,
coutelas, arquebuses et pistolets, piques, pertuisanes
et hallebardes, lesquels allaient jusqu'aux tranchées
les réveiller en sursaut. Là où l'alarme se donnait
en tout leur camp et leurs tambourins sonnaient plan,
plan ! tati ! tata !... Pareillement leurs trompettes et
clairons ronflaient et sonnaient boutte-selle ! boutte-

----

1. Ces malheureux animaux remplacent sans doute ceux dont il
est interdit de prononcer le nom, à moins que nous ne retrouvions là
un souvenir de la bravade des habitants d'Arras qui, assiégés par
Louis XI, en 1477, avaient écrit sur leurs murs ce distique :

> Quand les souris prendront les rats,
> Le roi sera seigneur d'Arras.

2. Deux cents.

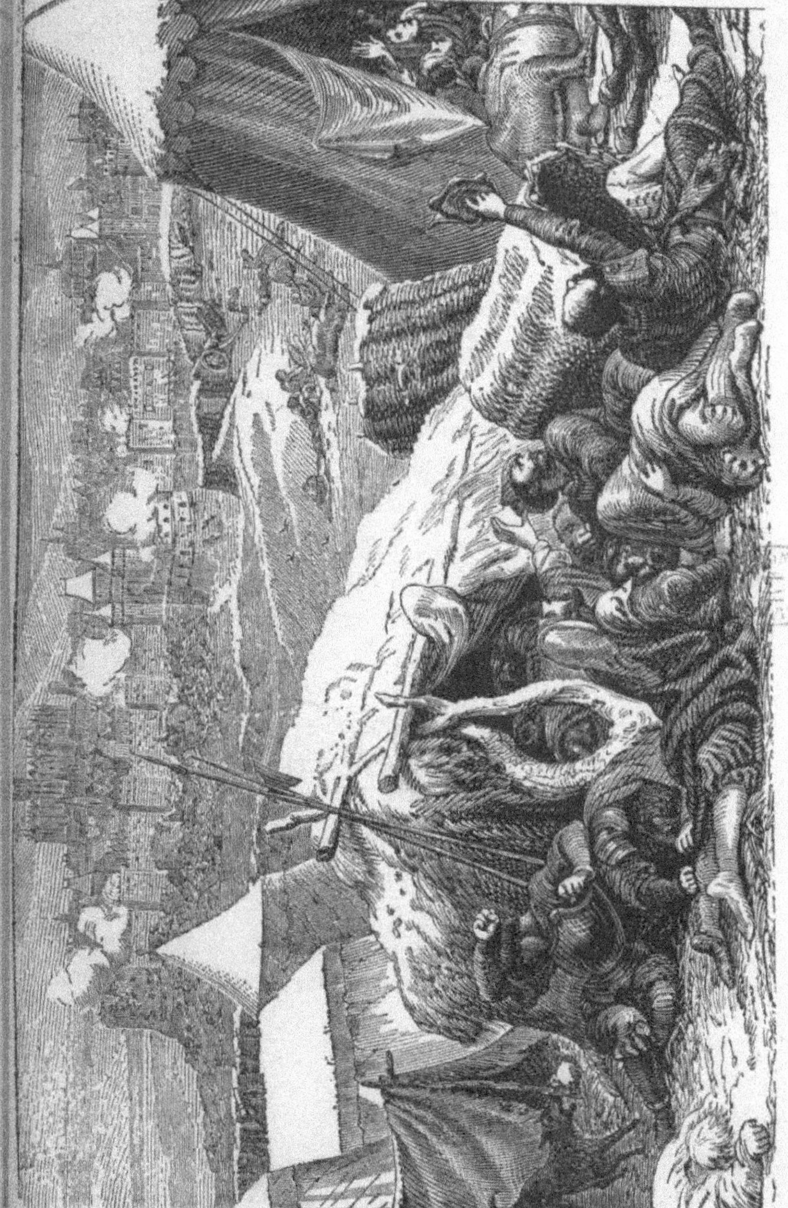

SIÈGE DE METZ : CAMP DES ASSIÉGEANTS.

selle ! boutte-selle ! monte à cheval ! monte à cheval !
boutte-selle ! monte à cheval ! Et tous leurs soldats
criaient : A l'arme! à l'arme! comme l'on fait la huée
après les loups ; et tous divers langages selon les
nations, et on les voyait sortir de leurs tentes et
petites loges, drus comme fourmis lorsqu'on découvre
leurs fourmilières, pour secourir leurs compagnons
qu'on égorgeait comme moutons.

« La cavalerie pareillement venait de toutes parts
au grand galop : patati ! patata ! patati ! patata ! et il
leur tardait bien qu'ils ne fussent en la mêlée, où les
coups se départaient (distribuaient), pour en donner
et en recevoir. Et quand les nôtres se voyaient forcés,
ils revenaient à la ville toujours en combattant, et ceux
qui couraient après étaient repoussés à coups d'artillerie qu'on avait chargée de cailloux et gros carreaux
de fer de figure carrée et triangulaire.

« Et nos soldats, qui étaient sur ladite muraille, faisaient une escopetterie (fusillade) ; leurs balles pleu-
vaient dru sur eux comme grêle pour les renvoyer
coucher, et plusieurs demeuraient sur la place du
combat ; nos gens aussi ne s'en revenaient pas tous la
peau entière ; toujours il en demeurait quelques-uns
pour la dîme, lesquels étaient joyeux de mourir au
champ d'honneur.

« Et là où il y avait un cheval blessé, il était aussitôt
écorché et mangé par nos soldats, au lieu de bœuf et
de lard.

« Et pour panser nos blessés, c'était à moi à courir.

« Quelques jours après, on faisait d'autres sorties,
qui fâchaient fort les ennemis, parce qu'on les laissait
peu dormir en sûreté.

« M. de Guise fit un stratagème de ruse — de guerre.
Il envoya un paysan, qui n'était pas trop habile homme,

avec deux lettres vers le roi, lui donnant dix écus, avec promesse que le roi lui en donnerait cent, pourvu qu'il lui rendît ses lettres. En l'une de ses lettres, M. de Guise mandait que l'ennemi ne faisait aucun semblant de se retirer, et malgré ses résistances faisait une grande brèche ; qu'il espérait bien la garder jusqu'à y employer sa vie et celle de tous ceux qui étaient avec lui dans la ville ; que si l'ennemi eût aussi bien assis son artillerie en un certain lieu qu'il nommait, à grand peine l'eût-on pu empêcher d'entrer, attendu que c'était le lieu le plus faible de toute la ville ; mais que bientôt il espérait la réparer de sorte qu'on n'y pût entrer.

« L'une de ces lettres fut cousue sur la doublure de son pourpoint, et on lui dit qu'il se donnât bien garde de le dire à personne : et il lui en fut donnée une autre dans laquelle mondit seigneur de Guise mandait au roi que lui et tous les assiégés espéraient de bien garder la ville, et autres choses que je laisse à dire. On fit sortir ce paysan la nuit, et incontinent il fut pris par un corps de garde et mené au duc d'Albe. On lui demanda s'il avait des lettres, il dit que oui, et leur en donna une ; l'ayant vue, il lui fut demandé par serment s'il n'en avait point d'autres. Il dit que non ; alors, fouillé, on lui trouva celle qui était cousue à son pourpoint ; et le pauvre messager fut pendu et étranglé.

« Lesdites lettres furent communiquées à l'empereur, lequel fit appeler son conseil, là où il fut résolu, puisqu'on n'avait pu rien faire à la première brèche, que promptement l'artillerie serait menée à l'endroit qu'on estimait le plus faible, là où ils firent grands efforts à refaire une autre brèche, et sapèrent et minèrent la muraille, et tâchèrent de surprendre la tour d'Enfer ; néanmoins ils n'osèrent venir à l'assaut.

LE DUC DE GUISE AU SIÈGE DE METZ.

« Le duc d'Albe remontra à l'empereur que tous les jours les soldats mouraient, même au nombre de plus de deux cents, et qu'il y avait peu d'espérance d'entrer dans la ville, avec le temps déjà perdu à l'attaquer, et le grand nombre de gens de guerre qui y étaient. L'empereur demanda ce que c'étaient que ces gens qui mouraient, si c'étaient gentilshommes et hommes de marque ; il lui fut répondu que c'étaient tous pauvres soldats. Alors il dit qu'il n'y avait point danger (inconvénient) qu'ils mourussent, les comparant aux chenilles, sauterelles et hannetons, qui mangent les bourgeons et autres biens de la terre ; car s'ils étaient gens de bien (d'importance), ils ne seraient pas dans son camp moyennant six livres par mois [1], et que partant il n'y avait pas de danger qu'ils mourussent.

« Il dit encore qu'il ne partirait de devant la ville qu'il ne l'eût prise par force ou par famine, quand il devrait perdre toute son armée, à cause du grand nombre de princes qui y étaient enfermés avec la plus grande partie de la noblesse de France, de laquelle, quand il l'aurait faite prisonnière, il espérait tirer au quadruple de sa dépense [2], et qu'il irait encore une fois à Paris, pour visiter le Parisien et se faire roi de tout le royaume de France.

« M. de Guise avec les princes, capitaines et soldats et généralement tous les citoyens de la ville, ayant entendu (connu) l'intention de l'empereur, qui était de nous tous exterminer, avisèrent à ce qui devait être fait. Depuis on ne permit aux soldats et citoyens, et même aux

---

1. On voit que les mercenaires, fort nombreux dans l'armée du grand Empereur, étaient assez mal payés, et le cas qui était fait de leur service.

2. Toujours par le système des rançons.

princes et seigneurs de ne manger marée fraîche [1] ni venaison ; de peur que poissons ou gibiers eussent acquis quelque air pestilent qui nous eût pu donner une contagion [2], mais auraient à se contenter de la *munition*, à savoir : biscuits, bœufs, vaches salées, lard, cervelas, jambons de Mayence et morue, merluches, aloses, anchois, sardines, harengs ; avec pois, fèves, riz, ail, oignons, pruneaux, fromage, huile et sel, poivre, gingembre, maniguet [3] et autres épiceries pour mettre en nos pâtisseries, principalement (pour la viande) des chevaux, qui sans cela aurait un très mauvais goût.

« Plusieurs citoyens ayant des jardins dans la ville y avaient enterré grosses raves, navets, carottes et poireaux, qu'ils gardaient bien chèrement pour l'extrême nécessité de la faim.

« Or toutes ces munitions étaient distribuées par poids, mesure et justice, selon la qualité des personnes, parce que nous ne savions pas combien de temps le siège durerait. Car ayant entendu de la bouche de l'empereur qu'il ne partirait jamais de devant Metz qu'il ne l'eût prise par force ou par famine, les vivres furent retranchés, en sorte que ce qu'on distribuait à trois soldats, était donné pour quatre ; et défense à eux de vendre le reste qui pouvait demeurer de leur repas. Ils se levaient toujours de table avec l'appétit, de peur qu'ils fussent sujets à prendre médecine [5].

1. Par marée fraîche, Paré désigne les poissons qui pouvaient être pêchés dans les cours d'eau qui baignent la ville.

2. Cette *pestilence* pouvait résulter de l'épouvantable mortalité agissant sur l'armée impériale qui était répandue autour de la ville et que décimaient les plus affreuses maladies.

3. *Cardamome*, graine aromatique employée alors comme condiment.

4. Ou plutôt par quelque sommation qu'il avait fait faire aux assiégés.

5. Façon plaisante d'affirmer qu'ils ne pouvaient être exposés à l'indigestion.

TAMBOUR, FIFRE, SOLDATS.

« D'ailleurs auparavant que nous rendre à la merci des ennemis, nous avions tous délibéré (résolu) de manger les ânes, mulets, chevaux, chiens, chats, rats, même nos bottes et collets, et autres cuirs qu'ont eût pu amollir et fricasser. Généralement tous les assiégés délibérèrent de valeureusement se défendre avec toutes machines de guerre : à savoir de braquer et charger l'artillerie sur la brèche de boulets, caillous, cloux de charrette et chaînes de fer : aussi toute espèce et différences d'artifice, comme boîtes, barriques, grenades, pots, torches, fusées, cercles entourés de chausse-trapes [1], fagots brûlants, d'abondante eau bouillante, plomb fondu et chaux vive pour leur crever les yeux. On avait encore résolu de percer les maisons de côté et d'autre afin d'y loger des arquebusiers pour les battre en flanc (les ennemis). Pareillement on eût donné commission aux femmes de dépaver les rues et leur jeter par les fenêtres des miches de saint Étienne[2], bûches, tables, tréteaux, bancs et escabelles, qui leur eussent effondré la cervelle. Davantage, il y avait un gros corps de garde remparé de charrettes et palissades, tonnes, tonneaux remplis de terre pour servir de gabions, entrelacés de fauconneaux et faucons [3], pièces de campagne, arquebuses à crocs, et pistolets, qui leur eussent rompu jambes et cuisses, de façon qu'ils eussent été battus en tête, en flanc et en queue. Et s'ils eussent forcé ce corps de garde, il y en eût eu d'autres aux carrés des rues (carrefours) de cent pas en cent pas, qui eussent été autant mauvais garçons ou plus que les premiers ; ce qui n'eût pas été sans faire beaucoup de femmes veuves et d'orphelins.

1. Clous qui entrent dans les pieds des chevaux.
2. Des pierres : saint Étienne, on le sait, fut lapidé.
3. Petits canons.

« Et si la fortune eût voulu qu'ils eussent fendu et rompu nos corps de garde, il y eût eu encore sept gros host (corps) et bataillons ordonnés en carré et en triangle, pour combattre tous ensemble, accompagné chacun d'un prince, leur donnant hardiesse de mieux combattre jusqu'au dernier soupir, et mourir tous ensemble.

« Il était aussi résolu que chacun porterait ses trésors, bagues et joyaux, et ses meubles les meilleurs et les plus beaux pour les brûler en la grande place, et les mettre en cendre, de peur que les ennemis ne s'en prévalussent et en fissent trophée.

« Pareillement il y avait des gens qui eurent en charge de mettre le feu aux munitions, de répandre dans les caves tous les vaisseaux à vin, et d'autres de mettre le feu aux maisons, pour brûler nos ennemis et nous ensemble.

« Les citoyens l'avaient ainsi tous accordé, plutôt que de voir le couteau sanglant sur leur gorge, et leurs femmes et leurs filles outragées par les Espagnols cruels et inhumains.

« Or nous avions certains prisonniers que M. de Guise renvoya sur leur foi, et auxquels on avait fait concevoir tacitement notre dernière volonté et désespoir. Arrivés en leur camp, ils ne manquèrent de publier ce qu'ils savaient ; ce qui fut cause de modérer la grande impatience et volonté des soldats, de plus vouloir entrer dans la ville pour nous couper la gorge et s'enrichir de notre pillage.

« L'empereur, ayant connu cette résolution du grand guerrier M. de Guise, mit de l'eau dans son vin et modéra sa colère, disant qu'il pourrait sans doute entrer dans la ville sans qu'il fût fait une si grande boucherie et un tel carnage, tant des défendants que des as-

siégeants, sans ré-
pandre beaucoup
de sang, et sans
qu'il n'y eût en-
suite que des morts
et des cendres,
afin qu'on ne pût
dire que ce fut
une destruction pa-
reille à celle de la
ville de Jérusalem,
faite jadis par Titus
et Vespasien.

« L'empereur
donc ayant connu
notre dernière ré-
solution, et voyant
le peu qu'il avait
avancé par sa bat-
terie, ses sapes et
ses mines, et la
grande perte qui
était en tout son
camp, et l'indis-
position (la ri-
gueur) du temps et
la nécessité de vi-
vres et d'argent,
et que ses soldats
désertaient et s'en
allaient par gran-
des troupes, con-
clut enfin de se re-
tirer, accompagné

SIÈGE DE METZ : TRAVAUX DES ASSIÉGÉS.

de la cavalerie, de son avant-garde, avec la plus grande part de son artillerie et de la bataille (l'armée[1]).

« Le marquis de Brandebourg fut le dernier qui délogea, soutenu de quelques bandes d'Espagnols, de Bohémiens, et des compagnies d'Allemands, et y demeura après une journée et demie, au grand regret de M. de Guise, lequel fit sortir de la ville quatre pièces d'artillerie, qu'on tira sur lui à tort et à travers, pour le hâter de se retirer; ce qu'il fit bientôt avec ses troupes. Étant à un quart de lieue de Metz, il craignit que notre cavalerie ne lui donnât en dos, ce qui fut cause qu'il fit mettre le feu à ses poudres de munition et laissa quelques pièces d'artillerie et beaucoup de bagage qu'il ne pouvait faire emmener, parce que l'avant-garde, la bataille et les gros canons avaient rompu et gâté le chemin.

« Notre infanterie voulut à toute force sortir de la ville pour lui aller donner en queue; mais M. de Guise ne le voulut jamais permettre; au contraire, il dit qu'on leur devrait plutôt aplanir les chemins, et leur faire des ponts d'or et d'argent pour les laisser aller, ressemblant au bon pasteur et berger qui ne veut perdre une seule de ses ouailles.

« Voilà comme nos chers et bien-aimés Impériaux s'en allèrent de devant Metz; ce qui fut le lendemain de Noël, au grand contentement des assiégés, et louanges des princes, seigneurs, capitaines et soldats, qui avaient enduré les travaux de ce siège l'espace de deux mois. Toutefois ils ne s'en allèrent pas tous: il s'en fallut de plus de *vingt mille* qui étaient morts, tant par

---

1. C'était en décembre, et par un hiver très dur. Charles-Quint était lui-même d'ailleurs très affaibli par la maladie.

l'artillerie et les coups de main, que de la peste, du
froid, de la faim et du dépit et grande rage qu'ils
avaient de ne pouvoir entrer dans la ville pour nous
égorger et se livrer au pillage…

« On alla où ils avaient campé, et l'on trouva beaucoup de corps morts encore non enterrés, et la terre
toute remplie de creux, comme l'on voit le cimetière
des Saints-Innocents (à Paris) durant quelque grande
mortalité. En leurs loges, pavillons et tentes ils
avaient laissé pareillement plusieurs malades. Partout
on ne voyait que boulets, armes, charrettes et autres
bagages, avec grand nombre de pains de munition,
gâtés et pourris par les neiges et les pluies, encore
que les soldats n'en eussent que par mesure et com-
pas (en quantités restreintes). Ils laissèrent sembla-
blement grande provision de bois, restant des maisons
qu'ils avaient démolies et abattues dans les villages
des alentours, ainsi que les maisons de plaisance
appartenant aux citoyens. Sans ce bois ils fussent
morts de froid, et eussent été contraints de lever bien
plus tôt le siège.

« M. de Guise fit enterrer les morts et traiter
leurs malades.

« Pareillement les ennemis avaient laissé en l'ab-
baye de Saint-Arnould beaucoup de soldats blessés,
qu'ils n'avaient pu faire emmener. M. de Guise leur
envoya à tous des vivres suffisamment, et me commanda, ainsi qu'aux autres chirurgiens, de les aller
panser et médicamenter[1]. Ce que nous faisions de
bonne volonté ; mais je ne crois pas qu'ils eussent fait

---

1. Ici nous avons un exemple de la générosité française envers des
ennemis qui, sans aucun doute, comme le remarque Paré, n'eussent
rien fait de pareil. D'ailleurs, en ce même temps, les troupes espa-
gnoles envahissaient la Picardie, où elles brûlaient 600 villages.

le semblable, parce que l'Espagnol est très cruel, perfide et inhumain, et ennemi de toutes nations, ce qui

LANSQUENETS.

se prouve par Lopez, Espagnol, et Benzo[1], Milanais,
qui ont écrit l'histoire de l'Amérique, lesquels ont été

1. Il s'agit ici de Lopez de Gomara, qui publia en 1558 une *Histoire
des Indes occidentales* (Amérique), et de Benzoni, auteur d'une *Histoirc
du nouveau monde*, publiée en 1560. Paré aurait pu renvoyer, avec
plus de raison encore, le lecteur au fameux livre de Barthélemy de
Las Casas, publié pour la première fois en 1552 (l'année même du siège
de Metz) et traduit plus tard en français, « pour servir d'exemple et
d'avertissement aux dix-sept provinces des Pays-Bas, » sous le titre signi-
ficatif de *Tyrannie et cruautés des Espagnols perpétrées aux Indes
occidentales*

contraints de confesser que la cruauté, l'avarice, les
blasphèmes et méchancetés des Espagnols ont du tout
éloigné les pauvres Indiens de la religion que les
Espagnols disaient tenir.

« Quelques jours après, on envoya un trompette à
Thionville, vers les ennemis, pour leur dire qu'ils
eussent à querir leurs blessés en toute sûreté; ce
qu'ils firent avec charrettes et chariots, mais peu à
peu (lentement). M. de Guise leur fit donner charrettes et charretiers pour les aider. Ces charretiers,
étant de retour, nous rapportèrent que les chemins
étaient tous pavés de corps morts, et n'en ramenaient
jamais la moitié, car ils mouraient en leurs charrettes;
et les Espagnols voyant les blessés aux abois de la
mort, les jetaient hors des charrettes avant qu'ils
n'eussent rendu le dernier soupir, et les ensevelis-
saient dans la boue et la fange, disant qu'ils n'avaient
nulle commission de ramener les morts...

« Après qu'ils eurent entièrement décampé, je dis-
tribuai mes malades entre les mains des chirurgiens
de la ville pour les parachever de panser; puis je pris
congé de M. de Guise et m'en revins vers le roi,
qui me reçut avec bon visage, et me demanda comment
j'avais pu entrer en la ville de Metz. Je lui racontai
entièrement ce que j'avais fait. Il me fit donner deux
cents écus, en plus des cent que j'avais eus avant
de partir, et me dit qu'il ne me laisserait jamais
pauvre. »

XI

Les dangers que court Ambroise au siège d'Hesdin, et comment
ses talents lui vaient la liberté.

Dès ce moment, en effet, tout sort contraire semble
conjuré pour Ambroise, qui non seulement, revêtu de
son titre de chirurgien du roi, en a tous les bénéfices
directs et indirects, — car il va de soi que dès lors une
excellente clientèle lui est assurée, — mais encore le
voilà devenu, dans le monde ordinaire comme dans le
monde de la science, un personnage avec lequel il peut
être convenable, avantageux de compter.

Tel qui, drapé dans sa robe doctorale, et perdu dans
le nébuleux orgueil d'une prétendue érudition, faisait fi
du mince barbier, songe maintenant soit à mettre ses
dédains au compte d'une inconsciente prévention, soit
à se rétracter bel et bien et à louer outre mesure celui
qu'il a brutalement dénigré. Tel autre de la gent bar-
bière, à qui faisait ombrage ce confrère sortant de la
foule, et qui l'avait accusé d'intrigue ou de charlata-
nisme, s'empressera de reconnaître qu'il honore la corporation, et d'affirmer qu'on a toujours prévu cette
haute destinée.

Mais de même qu'auparavant il laissait dire les envieux ou les entêtés routiniers, de même maintenant
Ambroise Paré, satisfait, mais non enorgueilli, n'affiche

ni morgue, ni rancune; et tranquillement, toujours préoccupé de son art, il va cherchant, observant, expérimentant, pour s'avancer davantage en la science, et pour tâcher d'être de plus en plus utile à ceux qui souffrent.

Au surplus, le roi, qui se souvient de lui pour la récompense, ne l'oublie pas non plus pour le labeur.

Déçu en Lorraine, Charles-Quint vient de rassembler une nouvelle armée avec laquelle il s'est rabattu furieux sur l'Artois, où il va semant les désastres.

Il attaque Thérouanne, qui est prise d'assaut, et dont la garnison et les habitants sont massacrés pêle-mêle.

« Alors le roi, — dit Ambroise, — prévoyant que l'ennemi ne vînt assiéger ainsi la ville et château de Hesdin, envoya M. le duc de Bouillon, nombre de capitaines et environ dix-huit cents soldats; et pendant le siège l'on fortifia ledit château de Hesdin de façon qu'il semblait être imprenable. Le roi m'envoya en cette ville pour secourir de mon art s'il en était besoin (juin-juillet 1553). Et tôt après la prise de Thérouanne, nous fûmes assiégés de l'armée de l'empereur... »

Voilà donc notre chirurgien de nouveau à la peine. Dieu sait qu'elle ne lui sera pas épargnée, et que même personnellement il sera près de payer cher sa présence au milieu des assiégés, car l'issue du siège étant tout autre, tout autre aussi est le sort de ceux qui défendent la ville.

« Nos soldats — dit-il — firent des sorties sur les ennemis, avant que leurs tranchées fussent enlevées; il y eut nombre de tués et de blessés, des coups d'arquebuse et de main (par les armes blanches), tant d'une part que d'autre; et j'eus là beaucoup de besogne taillée, de façon que je n'avais repos ni jour ni nuit, à panser les blessés. »

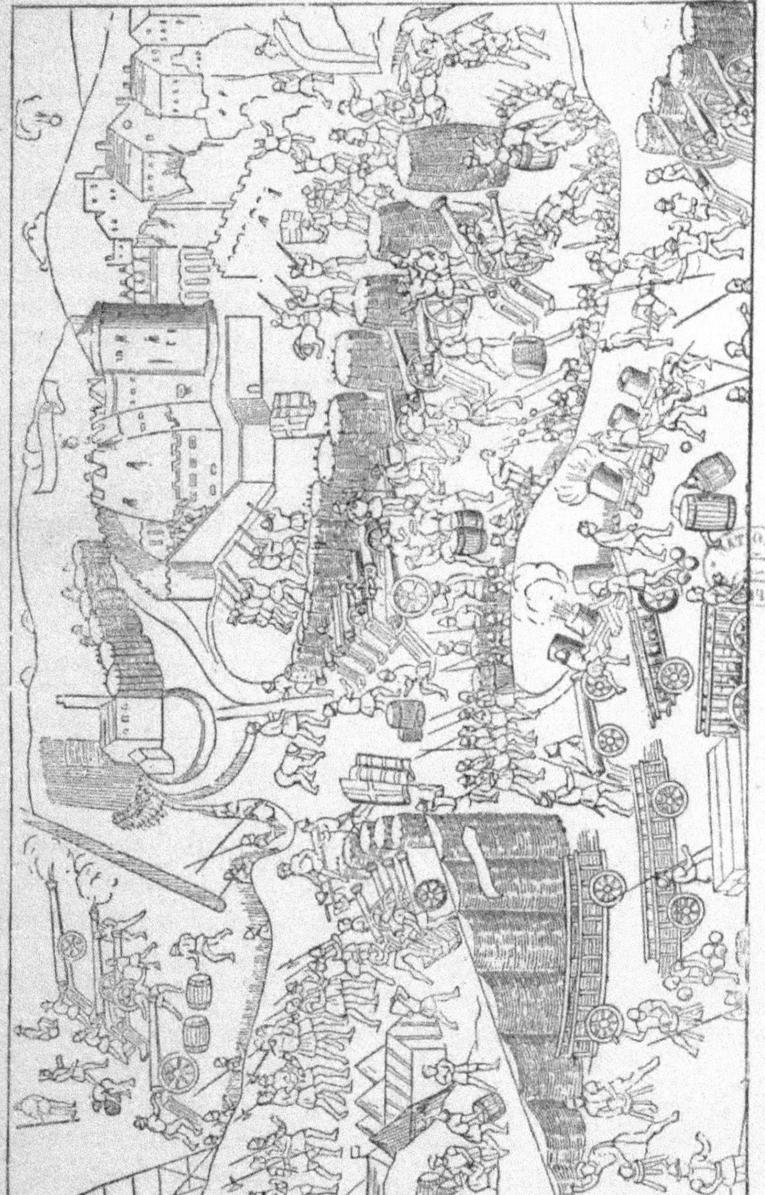

GUERRE DE SIÈGE AU XVIe SIÈCLE, D'APRÈS UNE ESTAMPE DU TEMPS.

La situation d'ailleurs n'avait rien de rassurant, car la place était faible, et l'avitaillement faisait défaut. Un certain nombre de blessés avaient été mis à l'abri dans une tour, des terrasses de laquelle les canons tiraient sur l'ennemi. « Lorsque la batterie jouait, les malades disaient sentir des douleurs en leurs plaies, comme si on leur eût donné des coups de bâton : l'un criait la tête, l'autre le bras, et ainsi des autres parties, et à plusieurs les plaies se rouvraient et saignaient de nouveau, même en plus grande abondance qu'à l'heure de leur blessure ; et alors c'était à moi de courir pour les étancher.

« Plusieurs mouraient, tant par suite de cette agitation que par faute de bons aliments et autres traitements nécessaires aux blessés, car tout ce qu'on aurait pu ordonner fût resté ordonnance de papier... nous n'avions que la chair de vieilles vaches prises autour de la ville en hâte pour notre munition, salées et à demi cuites, en sorte que qui la voulait manger, la devait tirer à force des dents, comme font les oiseaux de proie pour leur viande. Les linges dont les malades étaient pansés étaient à peine lavés, et séchés au feu, car on manquait et d'eau et de savon. C'est ainsi que les pauvres malades mouraient par faute d'aliments et de bien d'autres choses nécessaires. »

Ainsi en allait-il, quand un jour où les ennemis s'apprêtaient à donner l'assaut, une grenade lancée par maladresse à l'intérieur du rempart, au lieu d'être jetée sur les assaillants, provoqua l'explosion d'une grande réserve de poudre et d'artifices, et alluma un incendie que, faute d'eau, on dut éteindre avec de la bière. Un grand nombre d'hommes furent victimes de cet accident. Les ennemis, qui avait cru voir là un acte de suprême désespoir pour les anéantir en même temps que la garnison, sapèrent, minèrent les murailles et dégarnirent si bien le dessous du château que, quand le canon tirait, on sentait qu'il manquait de base. Encore quelques jours, et certainement ville et château sautaient.

Il est alors question de capitulation. On envoie un trompette vers le duc de Savoie, commandant des troupes impériales, pour connaître ses conditions [1]. Le prince répond, « que tous chefs, gentilshommes, capitaines, enseignes, seront pris à rançon, et que les soldats sortiront sans armes, et que s'ils refusent ce beau et honnête parti, le lendemain ils doivent être assurés qu'on les aura par assaut ou autrement. »

Sur quoi l'on tient conseil, où Ambroise est appelé à donner son avis. De même que la plupart des assistants, il croit que la place n'est pas tenable. « J'aurais signé, dit-il, de mon propre sang, par le peu d'espérance que j'avais que l'on pût résister aux ennemis, et aussi par le grand désir d'être hors de cet enfer et grand tourment, car je ne dormais jour ni nuit, à cause de la grande quantité de blessés que j'avais à traiter. D'ailleurs les morts rendaient une grande putréfaction, étant entassés les uns sur les autres comme fagots, et n'étant point couverts de terre, à cause que nous n'en avions pas. Si j'entrais en un logis, il y avait des soldats qui m'attendaient à la porte pour que j'allasse en panser d'autres, c'était à qui m'aurait ; ils me portaient

---

1. Quand cette même place d'Hesdin, occupée par les Espagnols, fut attaquée par les Français en 1639, les assiégés jetèrent à leurs ennemis un dessin où l'on voyait une truie tenant une quenouille, assise devant les remparts de la ville, au-dessus desquels on lisait :

> Quand cette truie aura filé son lin,
> Les Français prendront Hesdin.

La ville fut emportée, et l'on ajouta au dessin, devenu une estampe

> La truie n'a pas filé son lin
> Et les Français ont pris Hesdin.

comme un corps saint [1], ne touchant du pied en terre, et ne pouvant satisfaire à ce grand nombre de blessés, parce que je n'avais pas ce qui m'était nécessaire pour les médicamenter. »

On comprend que dans une telle situation et ne pouvant soulager la foule de malheureux qui se recommandaient à lui, le vaillant mais compatissant praticien eût opté pour la capitulation.

Toutefois, en se rangeant à cette opinion qui, de fait, lui paraît sage, notre parvenu de la science et du dévouement ne laisse pas que d'être aussitôt conduit à réfléchir sur les inconvénients de la grandeur. Son titre de chirurgien royal, s'il est avoué, son nom, s'il est connu, vont faire de lui un personnage de marque, soumis à forte rançon, et peut-être à longue ou dure captivité ; se confondre parmi les soldats ne serait pas un parti plus sage, car il sait quel cas font les Espagnols de cette menue engeance : le mieux était de se réduire à un rôle moyen, par exemple de tâcher d'être pris pour quelque piètre frater, dont on ne fera autre compte que d'un misérable, mais qu'on épargnera sans doute pour les petits services qu'il peut rendre.

Cela décidé, il échange ses habits un peu trop luxueux contre un méchant pourpoint « déchiré, déchiqueté d'usure » ; il prend un collet de cuir bien éraillé, un vilain chapeau et un petit manteau ; il barbouille le col de sa chemise avec de l'eau mêlée d'un peu de suie. Il use avec une pierre ses chausses à l'endroit des genoux, et au-dessus des talons ; il en fait autant à ses souliers ; et, quand il se croit accommodé de sorte à être pris « plutôt pour un ramoneur de cheminée que pour un chi-

---

1. A la façon du saint viatique.

rurgien du roi », il s'en va trouver un des principaux seigneurs, M. de Martigues, gravement blessé quelques jours auparavant[1], et auquel il donne ses soins, et le prie de faire en sorte qu'il puisse demeurer avec lui pour le panser. »

Les commissaires chargés de choisir les prisonniers étant entrés dans la ville, et M. de Martigues ayant été mis au nombre de ceux qui pouvaient payer rançon, on laissa près de lui, sur sa prière, l'homme qui le soignait.

Combien alors dut se féliciter notre chirurgien de n'avoir pas cherché à rester confondu parmi les simples soldats ; car, malgré la parole donnée, les Espagnols une fois entrés dans la ville mettent tout à sac et tuent tout ce qui se présente. S'il est quelques pauvres diables à qui ils semblent vouloir faire grâce, ce n'est que pour les torturer de la plus atroce manière « pour leur faire avouer de quelle maison ils étaient, afin d'en avoir rançon », et s'ils s'obstinaient à se taire ou ne déclaraient quelque famille qui pût les racheter, un coup de dague les délivrait de leurs maux.

Quoi qu'il en soit, maître Ambroise, sous son humble déguisement, est conduit à la suite de son malade du château en une maison de la ville. Là, un des officiers du duc de Savoie lui demande si la blessure de M. de Martigues est guérissable. Il répond qu'il la croit mortelle ; alors commence, à propos de ce seigneur prisonnier et sujet à rançon, une sorte de tragi-comédie qui, pour amener plus d'une péripétie assez originale, ne doit pas toujours sembler également rassurante à notre praticien travesti.

D'abord, après la déclaration qu'il vient de faire à

---

1. Une grosse balle lui avait transpercé le corps en pleine poitrine.

l'officier ennemi, qui s'en va immédiatement la rapporter au duc de Savoie, lequel doit regretter que la mort de son noble prisonnier le frustre du prix dont on lui aurait fait acheter sa mise en liberté, Ambroise est fort perplexe sur la conduite à tenir.

Pensant bien que le prince enverra ses médecins et chirurgiens visiter le captif, afin d'être sciemment renseigné : « Je fis un discours en mon âme, dit-il, pour savoir si je devais faire le niais et paraître ignorer la chirurgie, de peur qu'ils ne me retinssent pour panser leurs blessés, et qu'enfin, étant connu comme chirurgien du roi, il ne me fissent payer une grande rançon. D'autre côté, je craignais que si je ne me montrais être chirurgien, ayant bien pansé le seigneur de Martigues, ils ne me coupassent la gorge. »

En vérité la situation est singulièrement embarrassante. A quel parti s'arrêtera cet homme à qui la prudence a conseillé de cacher son savoir et son nom sous un déguisement ?

Avons-nous besoin de nous le demander ? Chirurgien habile, anatomiste émérite, et l'occasion s'offrant de laisser voir ses talents, il ne pourra, nous devons le comprendre, résister à la satisfaction de faire montre de son savoir en face de ces docteurs, de ces maîtres qui, sans doute, vont venir gourmés, importants, croyant l'écraser de leur autorité. Il résiste même d'autant moins que pour un ou deux qu'il attendait, il voit arriver, non seulement le médecin et chirurgien de l'empereur, mais encore les chirurgiens du duc de Savoie, et six autres suivant l'armée.

Or voici que le médecin chirurgien de l'empereur, du ton hautain qu'on imagine, intime à ce malotru, qui s'avise de chirurgie, d'avoir à « déclarer l'essence de la plaie, et la façon dont il l'avait traitée ».

« Alors, nous dit-il, toute l'assistance écoutant attentivement, je commençai à discourir. »

Et il en a pour toute une grande page d'in-folio à reproduire l'exposé circonstancié, minutieux qu'il fait *ex professo*, du cas de M. de Martigues ; comment il fut blessé, l'examen de la plaie, la description des symptômes, l'état présumé des organes atteints, le mode de pansement, les raisons qui, en démontrant la gravité de la blessure, doivent la faire considérer comme mortelle, etc.

Son discours achevé, il conduit ses auditeurs près du malade, dont il découvre les plaies pour les panser « selon l'ordinaire », et tous ayant reconnu, après examen, le bien raisonné de cet inconnu qui les a émerveillés, ils s'accordent à déclarer avec lui que le blessé doit mourir sous peu de jours.

Ils vont faire part de ce pronostic à M. le duc de Savoie, qui, lui, ne veut pas entendre de cette oreille, et affirme que si le malade eût été bien pansé, il en réchapperait. Tous alors de protester qu'il a reçu des soins très intelligents.

« Alors M. de Savoie montra être très faché, et *pleura*. » Vraies larmes de crocodile, car c'est sur la rançon qu'elles sont versées et non sur le malade.

À cet endroit du drame vient tout à coup se placer un incident burlesque.

Certain Espagnol se présente, qui promet sur sa vie de guérir M. de Martigues, s'offrant aux supplices que l'on voudra s'il ne réalise sa promesse, mais à la condition de n'avoir avec lui ni médecins, ni chirurgiens, ni apothicaires.

Sur l'heure, M. de Savoie fait défendre à ses médecins et chirurgiens de visiter le blessé, et quant à Paré, un gentilhomme lui vient intimer l'ordre d'avoir à ne le toucher aucunement sous peine de la vie. « De quoi je fus heureux, dit Ambroise, voyant qu'il ne mourrait pas entre mes mains. » Il allait en effet se trouver sauf de tous reproches.

L'Espagnol, conduit par les gentilshommes, s'approche alors de M. de Martigues.

« Seigneur chevalier, lui dit-il en son langage, M. le duc de Savoie m'a commandé de te venir panser de ta blessure. Je te jure Dieu qu'avant huit jours je te ferai monter à cheval, la lance au poing, pourvu qu'il n'y ait que moi qui te touche. Tu boiras et tu mangeras tout ce qui sera à ton goût : je ferai diète pour toi, et de cela tu te dois assurer sur ma promesse. J'en ai guéri plusieurs qui avaient de plus grandes plaies que la tienne. »

Les gentilshommes dirent : « Dieu vous en fasse la grâce. »

Là-dessus il demande une chemise dudit seigneur, et la met en petits lambeaux, qu'il pose en croix, marmottant certaines paroles sur la plaie ; puis, ayant habillé le malade, il lui permet de manger et boire tout ce qu'il voudra ; et, pour faire diète à sa place en effet, il ne mange que six pruneaux et six morceaux de pain par repas, ne buvant que de la bière. Ce qui n'empêche pas que deux jours plus tard M. de Martigues rend le dernier soupir.

Le voyant à l'agonie, l'Espagnol s'éclipse et gagne le large, sans dire adieu à personne ; ce dont bien lui prend, car il est évident que M. le duc de Savoie, pour la fausse et décevante promesse qu'il lui a faite, ne manquerait pas de le faire pendre haut et court ! On ne se joue pas impunément de gens qui comptent sur le prix d'une rançon.

Toujours est-il que M. de Martignes est mort, bien

mort, et que M. de Savoie, frustré du prix qu'il aurait
pu obtenir du vivant, semble se demander si la dé-
pouille du gentilhomme défunt ne garde pas quelque
valeur aux yeux de sa famille, qui voudra sans doute
l'acheter pour l'inhumer en terre française. Aussitôt
après avoir appris la nouvelle du décès, il renvoie ses
médecins, ses chirurgiens, ainsi qu'un apothicaire
nanti d'une quantité de drogues, pour embaumer le
cadavre, en présence de plusieurs gentilshommes et
capitaines de l'armée impériale.

Le premier mouvement de ces nombreux praticiens,
en arrivant à la maison mortuaire, est de faire demander
ce chirurgien mal vêtu qui leur a fait précédemment
une dissertation si remarquable sur l'état du blessé. On
l'amène ; et aussitôt le chirurgien de l'empereur, s'ap-
prochant de lui, l'engage à faire l'autopsie.

Prudence, cette mère de sûreté, que Paré sait écouter
quand la passion, ou si nous aimons mieux la petite
vanité professionnelle n'est pas en jeu, lui conseille
d'abord de décliner cette mission, « déclarant au chirurgien allemand qu'il ne se croyait pas même digne
de porter sa trousse. »

« Faites-le pour l'amour de moi, » insiste l'autre ; et
l'on se demande ce que l'amour vient faire en cette
affaire.

« Je voulus davantage m'excuser, nous dit Ambroise,
lui faisant entendre que, puisqu'il avait résolu d'embaumer le corps, il en voulut bien confier le soin à
quelque autre des chirurgiens présents.

« Mais il me fit cette réponse qu'il *voulait que ce fût
moi ; et que si je ne le voulais faire, je m'en pourrais
bien repentir.* »

Sur ces mots Ambroise, « craignant quelque déplai-
sir, » se décide à prendre le scalpel ; mais, avant de s'en

servir, il croit devoir le présenter, par témoignage de déférence ou d'humilité, à tous en particulier, leur remontrant qu'il n'est pas « bien stylé à faire telle opération ».

Mais tous déclinent la tâche.

« Alors, ma foi, — s'écrie Ambroise, — le corps étant posé sur la table, véritablement je me proposai de leur montrer que j'étais anatomiste ! »

Et, tout à son art, et tout au désir plus explicable que réfléchi de prouver à ces Espagnols, à ces Germains, que d'aventure la terre de France sait produire des praticiens de quelque valeur, le voilà qui, agissant du *rasoir*, en même temps qu'il argumente sur les organes mis à découvert, reprend point par point tout ce qu'il avait dit de l'état du blessé ; et, point par point, il rend évidente à tous la vérité, la sûreté de ses premières assertions.

« C'est par là qu'est entrée la balle ; c'est ici qu'elle a causé tel ravage ; c'est par suite de cette lésion que le malade éprouvait cette gêne, ressentait cette douleur. Par là s'est produit un épanchement, par ici une résorption funeste. Et si vous doutez de tel effet, comparez-le à tel autre, qui a lieu lorsqu'on met en présence telles substances, en telle ou telle condition. »

Ses théories, ses démonstrations, étonnent les assistants, qui gardent des doutes ou qui pensent l'embarrasser ; plus d'un le questionne, soulève des objections ; mais il répond immédiatement et sans la moindre obscurité, et, tout « en travaillant sur le sujet », il ne laisse aucune de ses affirmations discutables.

Bref, la conférence, ou plutôt la leçon — car c'est bien une leçon qu'il a voulu faire — lui ayant assuré une sorte de primauté intellectuelle sur son auditoire, il procède tranquillement à l'embaumement du corps, qui est ensuite posé dans un cercueil.

Sur quoi le chirurgien de l'empereur, le tirant à part, et parlant du ton le plus engageant : « Si tu veux demeurer avec moi, lui dit-il, je te traiterai bien ; d'abord *je t'habillerai à neuf*, et je te ferai aller à cheval. »

Avoir un habit neuf, cela devait, semble-t-il, sourire à ce déguenillé ; aller à cheval, cela devait sourire à ce pauvre hère ; et toutefois :

« Merci, dit bravement le déguenillé, mille grâces de l'honneur et des avantages que vous me proposez, mais je n'ai nulle envie de faire service aux ennemis de ma patrie.

— Eh ! le sot, s'écrie le chirurgien impérial ; si j'étais prisonnier comme toi, je servirais le diable, moi, pour être en liberté !

— Possible pour vous, réplique Ambroise, mais, pour moi, je vous déclare « *tout à plat* que je ne veux aucunement demeurer avec vous ».

Le chirurgien allemand n'insiste pas, mais il s'en va du même pas trouver le duc de Savoie, et, après lui avoir rendu compte de ce qui a été fait pour que les restes de M. de Martigues soient en état de valoir une rançon posthume, il lui démontre qu'il y a là certain misérable de talent qu'il ferait bien d'attacher à son service.

« Eh bien ! qu'on l'y attache, » dit naturellement le noble commandant des troupes impériales ; et, sans plus de retard, il donne à l'un de ses maîtres d'hôtel la charge d'aller signifier sa volonté au malotru.

Mais voilà que ce malotru s'entête en ses refus, et déclare qu'il « a délibéré de ne demeurer avec nul étranger ».

Cette fière réponse étant portée au duc de Savoie :

« Eh bien ! s'écrie-t-il fort courroucé, qu'on l'envoie aux galères ! »

Alors un des gentilshommes présents à l'emportement de son noble chef : « Monseigneur, dit-il, ce rameur-là ne fera pas grande besogne sur les bancs[1] où on l'attachera ; si j'osais, je demanderais à Votre Excellence de me le donner.

— Eh ! mon cher Vaudeville (car tel est le gentil nom que porte cet officier, qui n'est rien moins que gouverneur de Gravelines, et colonel de dix-sept enseignes ou compagnies de gens de pied), que voulez-vous faire de ce misérable ?

— Monseigneur, on le dit habile ; j'ai à la jambe certain ulcère qui, depuis six ou sept ans, me gêne et me tourmente. Peut-être aura-t-il quelque moyen de le guérir.

— En ce cas, pardieu ! prenez-le ; et ce n'est pas, que je pense, un grand cadeau que je vous fais. Mais si le drôle vous met d'aventure « le feu à la jambe », ce sera bien que vous l'aurez voulu ; et ne venez pas vous en plaindre !

— Soyez tranquille, monseigneur, car si j'en apercevais quelque chose, j'aurais tôt fait de commander qu'on « lui coupât la gorge ».

— Fort bien ! il est à vous, Vaudeville mon ami ; et grand bien vous en puisse revenir !

— Merci, monseigneur. »

Là-dessus, ledit Vaudeville mande quatre hallebardiers de la garde, avec ordre d'aller querir et lui amener le déguenillé, qui nous avoue franchement qu'à la vue de ces gaillards, qui « ne parlaient le français

1. Avons-nous besoin de rappeler que les malfaiteurs ou les captifs envoyés *aux galères* avaient pour tâche de ramer sur les vaisseaux des marines d'État ?

non plus que lui l'allemand, il se trouva fort *étonné*, ne sachant guère où on le menait. »

Toutefois son inquiétude est bientôt dissipée, car dès qu'il est arrivé auprès de M. de Vaudeville, celui-ci, après lui avoir appris que le duc de Savoie vient de lui faire cadeau de sa personne, lui dit qu'il est le bienvenu, et que sitôt qu'il l'aura guéri de l'ulcère qu'il a à la jambe, il s'engage à le remettre en liberté, sans réclamer de lui aucune rançon.

« Oh! pour la rançon, réplique résolument Ambroise, ce serait peine perdue que de l'espérer, car je n'en saurais payer aucune; quant à l'ulcère, nous allons voir. »

Alors, en présence du médecin et du chirurgien du colonel, il examine la plaie; puis, s'étant enfermé avec les deux praticiens, il leur démontre par Hippocrate et par Galien (car ce prétendu réfractaire aux doctrines classiques possède, pour l'avoir acquise dans des traductions françaises, toute la substance de ces deux patriarches de l'art de guérir), leur démontre, disons-nous, ce qu'il en est de la maladie de M. de Vaudeville, et leur indique les voies à suivre pour l'en débarrasser, le mode de pansement, le régime à observer, etc., etc.

Les consultants ne peuvent que reconnaître la valeur des arguments produits par leur collègue français, bien qu'il conseille un traitement tout opposé à celui qui a été appliqué jusqu'alors. Ils vont en référer au colonel, en lui notifiant les clauses premières des nouvelles prescriptions, qui consistent surtout à modifier du tout au tout sa façon de vivre : à savoir, renoncer au vin, aux viandes salées ou de haut goût, etc., etc.

« Fort bien, mais me guérira-t-on au moins?

— On vous guérira.

— Soit alors ! »

Le seigneur de Vaudeville promet de se soumettre à tous les régimes qu'on voudra. Et il s'y soumet.

Mais voilà qu'au bout de quelques jours il vient à s'étonner que les pansements ne soient pas aussi fréquents qu'auparavant, et qu'on lui administre moins de remèdes. En un mot, ce malade, comme la plupart des malades impatients, est tenté d'accuser d'inertie, de laisser-faire, son nouveau médecin. Cet avis, d'ailleurs, semble partagé par ses docteurs ordinaires, qui, en le saturant de drogues, l'ont accoutumé à toutes sortes de pratiques témoignant une active préoccupation de son mal.

Mis en demeure d'expliquer son système de placide expectation : « Demandez à Galien, dit le chirurgien français : je n'agis que d'après Galien.

— Qu'on apporte le livre ! » commande le colonel.

Le livre apporté, ouvert au chapitre indiqué, « le dire se trouve être véritable, » ce dont le médecin allemand demeure assez honteux, tandis qu'Ambroise en éprouve un sentiment de joie.

(Vraiment — pour ouvrir ici une courte parenthèse — elle était bienvenue cette Faculté française qui frappait d'indignité, pour cause d'ignorance, celui qui triomphait si ouvertement par sa profonde connaissance des prescriptions antiques.)

Dès les premiers jours, la plaie du seigneur colonel semble tendre à diminuer. Ambroise, qui se sent en crédit, s'en autorise pour insinuer à son maître qu'il devrait en venir avec lui à meilleure composition, à savoir que comme le temps, si court qu'il soit, serait encore assez long avant qu'il fût tout à fait guéri, les conditions posées primitivement l'obligeraient, lui prisonnier, à languir après sa liberté. « J'espère, dit-il, qu'avant qu'il soit deux ou trois semaines, votre ulcère sera diminué de plus de moitié, ce qui vous affirmera bien que mon traitement est bon; la guérison donc étant mise par moi en bonne voie, votre médecin, votre chirurgien, n'auront qu'à continuer.

— Certainement, » dit le colonel; et en homme tout heureux de ce qui lui arrive, il engage sa parole de gentilhomme que, lorsque la plaie sera diminuée de moitié, il s'exécutera de bonne grâce.

Sans plus de façon, Ambroise prend avec du papier la mesure de la plaie; et, continuant assidûment ses soins au malade, il voit de jour en jour son traitement produire plus d'effet; et si bien, que M. de Vaudeville lui-même ne sait comment lui témoigner sa satisfaction. Non seulement il le fait manger et boire avec lui, à sa table, « toutes les fois qu'il n'y a pas là d'autres personnes plus qualifiées, » mais encore un beau jour il le gratifie d'une « grande écharpe rouge, qu'il lui commande de porter » — une façon de l'affubler de sa livrée. « Aussi, affirme Ambroise, je peux dire que j'en étais autant joyeux comme un chien à qui l'on donne un bâton, de peur qu'il n'aille aux vignes manger les raisins. »

En attendant que M. de Vaudeville consente à briser sa chaîne, notre chirurgien est emmené par les autres çà et là dans les camps, pour visiter et panser les blessés. Bien avisé, il ne manque pas de noter à part lui tout ce qu'il lui semble utile de faire savoir aux commandants des troupes françaises, quand il ira les rejoindre. Il reconnaît, par exemple, que l'ennemi « n'a plus de grosses pièces de batterie de siége, mais seulement vingt-cinq ou trente pièces de campagne », et il se promet bien de le révéler en bon lieu[1].

---

1. Pour mettre le dernier trait à la physionomie de cette cam-

Enfin, la plaie étant déjà presque fermée au bout de quinze jours, M. de Vaudeville, tenant sa promesse, fait reconduire Ambroise par un trompette jusqu'à Abbeville. Le chirurgien prend la poste pour rejoindre le roi, qu'il trouve à Ausimou, et qui le reçoit « avec des témoignages extraordinaires de bonté ».

Ce monarque aussitôt envoie querir MM. de Guise,

pague, où le ridicule coudoie si souvent le tragique, citons encore un épisode assez singulier :

Après la prise de Thérouanne, deux soldats espagnols avaient amené au château de la Motte-au-Bois, où commandait le seigneur de Vaudeville, certain prisonnier français qui n'avouait pas son identité ; mais que le colonel, avec un vrai flair du chasseur alléché par la proie, n'eut pas besoin de dévisager longtemps pour le soupçonner d'appartenir à quelque grande maison qui en opèrerait *convenablement* le rachat. « Afin de s'en assurer mieux, raconte Paré, il le fit déchausser ; et voyant ses chausses et pieds nets avec la petite chaussette bien blanche et déliée, cela le confirma davantage que c'était un homme qui pourrait payer une bonne rançon. Il demanda aux soldats s'ils voulaient trente écus de leur prisonnier, qu'il les leur donnerait aussitôt. Ceux-ci y consentirent volontiers, parce qu'ils n'avaient pas le moyen de le garder, et encore moins de le nourrir. Le marché conclu, le seigneur de Vaudeville fit prendre et envoya parmi d'autres prisonniers gentilshommes français cet inconnu, qui endura de grandes souffrances, car il était au pain et à l'eau et n'avait pour coucher qu'un peu de paille. Après la prise d'Hesdin, on crut devoir faire connaître cet évènement à ces prisonniers ; alors il arriva que l'inconnu, en apprenant que M. de Martigues était mort, se prit à pleurer et à se lamenter. Aussi l'on sut qu'il n'était autre que M. de Beaugé, frère dudit M. de Martigues. » Aussitôt le capitaine du château mande à M. de Vaudeville qu'il a un *bon* prisonnier. Tout joyeux le colonel envoie son médecin dire à celui-ci qu'il le laissera libre pour quinze mille écus, et que même il le renverrait immédiatement s'il offrait pour garantie deux marchands d'Anvers qu'il nommerait ; e en attendant il ordonnait de le bien traiter de toutes les façons.

M. de Beaugé répondit que sa rançon dépendait de son oncle M. d'Estampes et de Mademoiselle de Bressuire, sa tante ; mais le duc de Savoie, apprenant sur ces entrefaites quel prisonnier détenait M. de Vaudeville, lui fit dire « que ce morceau était un peu trop gros pour lui, et qu'il eût à le lui envoyer. Ce qu'il fit. » Et M de Beaugé fut taxé par le duc de Savoie à *quarante mille écus* de rançon. Dieu sait comme dut saigner le cœur de ce bon M. de Vaudeville qui, autant que nous pouvons le croire, ne fut pas même remboursé de ses trente écus.

le connétable et d'Estrée, pour qu'ils entendent de la bouche de son chirurgien ce qui s'est passé au siège d'Hesdin. Ambroise leur en fait le fidèle rapport, et leur assure que « les grosses pièces de siège ont été emmenées à Saint-Omer, où il les a vues — ce dont le roi prend grande joie; car il avait craint que l'ennemi ne vînt plus avant en France. »

Le roi lui fait donner deux cents écus, pour qu'il se puisse retirer en sa maison; sur quoi Ambroise assure qu'il est « fort joyeux d'être en liberté, et hors de ce grand tourment et bruit de tonnerre de la diabolique artillerie, et loin des soldats blasphémateurs et renieurs de Dieu[1]. »

1. « Je ne veux pas laisser à dire, ajoute Ambroise, qu'après la prise d'Hesdin, le roi fut averti que je n'avais pas été tué et que j'étais prisonnier; de sorte que Sa Majesté fit écrire à ma femme par son premier médecin qu'elle ne fût pas en peine de moi; que j'étais sain et sauf, et qu'il payerait ma rançon. »

XII

Comment Ambroise est recherché par ceux qui l'avaient dédaigné,
et comment lui sont offerts des titres qu'il ne désire plus.

On admettra sans peine, pensons-nous, qu'après d'aussi émouvantes vicissitudes le nouveau chirurgien du roi éprouvât le besoin de respirer un peu à l'ombre du toit de famille. Il regagna, en effet, Paris, pour ne reprendre que quatre ans plus tard ses fonctions de praticien à la suite des armées.

Or, pendant les dernières absences d'Ambroise, le renom de son habileté n'avait fait que se répandre de plus en plus ; les étrangers avaient traduit son livre des *Plaies d'arquebuses;* et déjà ses théories faisaient école un peu partout.

Le récit des dangers qu'il avait courus s'ajoutant au bruit de son savoir et aux témoignages de bienveillance du souverain, il devait naturellement, à son retour, trouver les esprits fort bien disposés à son égard. Bien qu'il dût peut-être s'y attendre, il ne fut pas peu surpris cependant de voir que cette fois, non seulement le meilleur accueil lui était fait par la corporation entière des barbiers, qui s'enorgueillissait ouvertement de le compter parmi les siens, mais encore d'être fêté, choyé par les maîtres chirurgiens qui, à l'envi, lui prodiguaient la louange et paraissaient tout honorés, tout fiers de lui donner le nom de confrère.

Pour des gens qui d'ensemble, sinon en particulier, lui avaient encore témoigné un certain dédain quelques mois auparavant, la chose pouvait sembler singulière ; et Ambroise, quoique jeune encore, avait cependant assez la connaissance des hommes pour ne pas attribuer au seul mérite de ses dernières actions ce revirement favorable.

Que s'était-il donc passé ?

Rien que de normal en principe.

Que les membres du collège de Saint-Côme, ou maîtres chirurgiens, qui, latinisant comme les docteurs médecins, n'arrivaient à leur grade que par une succession d'examens subis dans la langue traditionnelle de l'école, se fussent départis de leur morgue à l'égard des barbiers, et eussent renoncé le moins du monde à la rigoureuse et jalouse conservation de leurs privilèges, nous ne devons même pas le supposer.

L'exception n'eût pas pour eux détruit la règle ; et, comme par le passé, ils tenaient bel et bien pour indigne l'ignorante foule des fraters.

Mais ne regardons pas au-dessous, cherchons au-dessus.

Au-dessus, que voyons-nous ?

La magistrale, la solennelle Faculté de médecine, qui, comme nous l'avons déjà remarqué, ne se montrait pas moins dédaigneuse à l'endroit des chirurgiens que les chirurgiens l'étaient à l'endroit des barbiers.

Entre les deux corporations supérieures la lutte était vive depuis bien des années, et l'on peut trouver dans les bibliothèques des rayons pleins des écrits passionnés qui, décochés de part et d'autre, furent autant de passes d'armes dans la grande, dans l'interminable *querelle des médecins et des chirurgiens.* Cette querelle, qui devait vivre encore longtemps, venait d'entrer alors dans une période fort agitée, où, tour à tour, le succès avait favorisé tantôt l'un, tantôt l'autre des deux camps : cela sans doute par le fait des influences particulières. des protections accordées à tel ou tel des combattants, et qui se trouvaient bénéficier à la corporation dont il faisait partie.

Vers l'époque où Ambroise Paré était éloigné de Paris, faisant ses premières campagnes de chirurgien militaire, et conquérant peu à peu la notoriété dont nous le voyons revêtu à son retour de captivité, la *confrérie* des maîtres chirurgiens — qui avait obtenu de *s'intituler* collège — recevait du roi François Ier « le droit de jouir et user des privilèges universitaires », en d'autres termes, elle était autorisée à enseigner directement.

Jusqu'alors la tradition établie voulait que le chirurgien professeur se bornât à être une sorte de prosecteur, qui travaillait de la main devant les élèves, pendant qu'un docteur, seul reconnu capable de cette fonction, leur donnait des explications.

Plus anatomistes que les médecins, qui allaient jusqu'à mépriser la connaissance détaillée de la machine humaine, et qui d'ailleurs se seraient crus déshonorés s'ils eussent fait œuvre manuelle en prenant le scalpel, les chirurgiens avaient été en droit de se demander pourquoi ils ne professeraient pas sans intermédiaire cette anatomie dont la connaissance justifiait leur titre. Et comme le bien fondé de cette prétention avait été facile à démontrer en haut lieu, ils avaient enfin reçu l'investiture régulière de ce professorat.

Très bien ! et forte de son droit et de son savoir, voilà que la corporation des chirurgiens veut ouvrir des cours d'anatomie ; mais pour le faire, au point de vue de la démonstration pratique, qui est essentielle en pareil cas, et sur laquelle, au résumé, repose toute la valeur de l'enseignement, il lui faut des sujets, c'est-à-dire des corps morts — des cadavres humains, pour employer le terme propre.

C'est alors qu'intervient la Faculté. Battue dans les conseils intimes du roi, où sans doute les services particuliers rendus par quelques chirurgiens ont fait pencher la balance vers le collège de Saint-Côme, elle se rabat sur le parlement, qui, on le sait, en prenait souvent à l'aise avec les décisions royales, et où la brigade hippocratique comptait naturellement plus d'un client d'importance[1]. Le parlement reçoit requête, met en délibéré la cause et, toute délibération close, rend un arrêt par lequel « *défense est faite aux lieutenants criminels, maîtres et gouverneurs de l'Hôtel-Dieu, et à l'exécuteur de haute justice de délivrer aucun corps mort pour l'anatomie, sans une requête admise et approuvée par le recteur de la Faculté;* de plus, défend aux chirurgiens barbiers et *autres* de faire aucune anatomie ni dissection, sinon en la présence d'un docteur en médecine, lequel docteur *interprètera* ladite anatomie et dissection en la manière accoutumée.* »

C'est-à-dire que le Parlement, allant hautement à l'encontre de la concession faite par le roi, et se portant, en ce cas, comme en beaucoup d'autres, gardien de la tradition, de la loi, non seulement dénie aux

---

1. Gens de guerre pour la plupart, les familiers de la cour, surtout à cette époque, où la guerre était en quelque sorte incessante, devaient naturellement, ou tenir en estime les chirurgiens en prévision des services à leur demander, ou leur avoir de la reconnaissance par suite des services déjà reçus, et l'on s'explique que les confrères de Saint-Côme l'eussent emporté chez le roi; les membres du parlement devaient être au contraire plus particulièrement à la dévotion des médecins, qui les traitaient pour des affections que nous pourrions appeler de l'*ordre civil*

membres du collège de Saint-Côme le droit dont ils pensent pouvoir user, mais encore les met dans l'impossibilité matérielle d'en exercer l'usage.

C'est conflit ouvert. Toutefois, quelque importance que les intéressés des deux partis lui veuillent donner, cette affaire ne saurait être élevée à la hauteur d'une question d'État. Peut-être même arrive-t-il qu'on en rie à la cour, comme on s'en amuse dans les conciliabules privés des *parlementaires;* et d'autant mieux que, pour l'attaque d'une part, et pour la résistance de l'autre, les champions font assaut de verve mordante ou de colère froide, au grand divertissement de la double galerie, qui se garderait bien de rien faire pour se priver de ce comique spectacle.

Et, en somme — le litige demeurant suspendu, — c'est surtout par les voies obliques que les habiles s'évertuent à le résoudre au profit du groupe dont ils sont les inspirateurs, les meneurs.

C'est ainsi qu'étant donnés le renom conquis par le barbier de Laval, l'autorité qu'il doit à ses mérites et les faveurs royales dont chacun sait qu'il a reçu les témoignages les plus significatifs, il s'agit d'attacher cette puissance au camp qui, pour le moment, voit ses ambitions tenues en échec.

Aussi, dès son retour à Paris, voit-il venir à lui les principaux de la corporation, qui, le prenant avec ce ci-devant dédaigné sur le ton de la plus déférente courtoisie, lui remontrent que bien à tort il s'attarde à ne pas rechercher le titre de docteur en chirurgie ou de maître chirurgien, dont il est si notoirement digne, et qu'il lui serait si facile d'obtenir.

Sur quoi, chose étrange — ou plutôt, si nous y voulons bien penser, chose toute naturelle, — il arrive que notre barbier qui, quelques mois auparavant, éprouvait peut-être un assez vif désir d'avoir ce titre, qui était alors pour lui à l'état de fruit défendu, semble rester entièrement indifférent à la proposition qui lui est faite.

« Chirurgien ! objecte-t-il, avec un sourire qui n'est pas sans une légère nuance d'instinctive vanité, mais je le suis de par le roi, sinon de par la Faculté ; nul, que je sache, ne m'oserait maintenant interdire d'exercer ; et d'ailleurs, attaché à la personne de Sa Majesté, et devant mes services à ses armées, c'est assez pour moi d'aller et d'agir où Sa Majesté croira devoir m'appeler ou m'envoyer.

— Sans doute, mais la consécration qui vous viendrait de vos prédécesseurs dans la carrière, et qui tous aiment à rendre hommage à votre grand savoir, ne gâterait rien. »

Alors avec une pointe de modestie : « Mon Dieu, mon grand savoir est tout bonnement fait d'un peu d'adresse naturelle, de quelque soin d'observation ; mais, au fond, je suis fort ignorant.

— Oh !...

— A tel point que — et Dieu sait si je le déplore — je ne connais pas un mot de latin. Que voulez-vous ! le chapelain Orsoy, chez qui mon pauvre père m'avait placé pour que l'apprendre, ne trouvait pas beaucoup d'instants pour m'en instruire. J'avais trop à faire avec la mule, le jardin... Et depuis, l'occasion ne s'est plus offerte ; je le regrette sincèrement, mais enfin c'est ainsi. Vous voyez donc bien qu'Ambroise Paré, le maître barbier, très honoré qu'on ait consenti à lui décerner ce titre, sera obligé de rester simple chirurgien du roi, faute de pouvoir passer les terribles examens exigés pour obtenir le titre de *bachelier*, puis celui de *licencié*, et enfin le grade de docteur en chi-

rurgie et membre du savant collège de Saint-Côme. I.
faut y renoncer.

— Point, cher confrère, point du tout !

— C'est-à-dire?...

— C'est-à-dire que, si vous vouliez, vous passeriez
fort bien ces terribles examens.

— Pas sans latin, je le suppose ?

— Non, avec latin.

— Mais je vous répète que je n'en ai pas la moindre
teinture, car chez le chapelain Orsoy (il m'en souvient
bien, allez !), je n'ai jamais pu dépasser cette difficulté
qui consiste à saisir la différence existant entre *rosa* et
rosam, qui tous deux signifient *la rose*. C'est assez vous
affirmer que je n'y entends rien du tout.

— Soit ! mais d'autres y peuvent entendre pour
vous.

— Je ne comprends pas.

— Vous allez comprendre. »

Et les maîtres chirurgiens, doyens du savant collège, d'entrer alors avec le barbier dans un certain
nombre d'explications qu'il écoute en souriant, car il
semble les trouver de plus en plus divertissantes.

Quand ils ont achevé, maître Ambroise rit de plus
belle.

« Mais nous parlons sérieusement, très sérieusement, disent-ils.

— Allons donc! pas possible! fait le chirurgien du
roi.

— Encore une fois, rien de plus sérieux.

— Eh bien ! non, je vous assure, je ne me sens pas
en goût de me prêter à ces simagrées ; car ce seraient
de pures simagrées, et d'autres que nous en riraient.

— Peu importe, reprend gravement un des maîtres,
du moment où il en reviendrait un grand honneur à

la corporation, puisqu'elle vous compterait parmi ses membres.

— Mais…

— Il y va, maître Ambroise, des intérêts de notre art, si grand, si utile ; il y va de la dignité d'une profession dont vous êtes une des lumières : opprimés, méprisés par la Faculté, qui nous tient pour ignorants et gens de tâche servile, il faut que nous prouvions le ridicule de cette opinion ; et qui mieux que vous peut, au nom de nous tous, confondre les injustes dédains dont nous sommes victimes, au détriment de la science vraie, solide…? »

A de tels arguments Ambroise Paré ne sourit plus. Le maître de Saint-Côme a touché en lui la fibre toujours prête à vibrer ; il a parlé au nom de l'art ; il a évoqué les intérêts de la science, la dignité professionnelle.

« Eh bien ! soit, dit Ambroise, après avoir pendant quelques instants encore écouté attentivement son interlocuteur ; vous pouvez compter sur moi. »

Et les doyens de Saint-Côme s'en vont radieux, comme des gens qui viennent de remporter une grande victoire.

XIII

Comment, sans savoir le latin, mais en parlant latin, Ambroise
devient bachelier, licencié et docteur-chirurgien.

Quelques mois plus tard, c'est-à-dire le 18 août 1554,
le monde des écoles apprenait que le nommé Ambroise
Paré, de Laval, maître barbier chirurgien à Paris, demandait à être admis aux examens de *bachelier*.

Et le 23 du même mois, le nommé Ambroise Paré
était, « après examen, » reçu bachelier.

Un peu après il demandait à être admis aux examens
de licence.

Et le 8 octobre de la même année, il recevait, après
examen, le titre de licencié.

Enfin le 18 décembre, grande était l'affluence dans
l'église des Mathurins, lieu saint choisi, selon la tradition, pour la soutenance d'une thèse « latine » que
devait présenter ce même Ambroise Paré, ayant titre
de bachelier et de licencié, et demandant celui de docteur chirurgien.

Toute la corporation chirurgicale était là au grand
complet, depuis le plus infime frater jusqu'au vénérable directeur du collège de Saint-Côme; et la séance
avait lieu en présence de deux membres de la Faculté
de médecine, dont l'un n'était autre que l'illustre Fer-
nel, le médecin mathématicien, qui, bravant le pré-

jugé, n'avait pas cru déroger en approuvant l'investiture doctorale donnée au plus savant anatomiste, au plus habile chirurgien de son temps.

Le licencié comparut, tenant une feuille de papier sur laquelle était tracé le texte d'une dissertation latine qu'il lut de son mieux — mais assez mal. Et quand il eut achevé, le président, sans lui avoir adressé aucune question sur le sujet de cette dissertation, le déclara, selon les formules traditionnelles, apte à recevoir le titre et à exercer le ministère de maître chirurgien, et par acclamation de tous les membres de la corporation il fut reconnu membre du collège de Saint-Côme.

Tout cela, on le comprend, avait été arrangé de façon à concilier la tradition avec l'hommage à rendre à un homme de haut mérite. Il avait été convenu pour ce dernier et solennel examen, comme pour les deux premiers, que le candidat se bornerait à lire quelques phrases latines, et que, convaincus de son savoir, les juges s'abstiendraient de l'interroger. La forme était sauve.

La cérémonie, à laquelle tout l'éclat possible avait été donné, et qui avait réuni les plus hautes notabilités de tout ordre, s'était faite sans qu'il en coûtât un denier au récipiendaire.

Le roi, pour *étrenner* le diplôme de son chirurgien, avait fait remettre à celui-ci un don de cent écus.

Et voilà comment le fils du pauvre menuisier de Laval, sans latin, bien qu'il eût parlé latin, se trouva investi, en quelque sorte malgré lui, alors qu'il ne l'enviait plus guère, d'un titre qui, alors qu'on le lui refusait, était l'objet de ses plus ardentes convoitises.

XIV

Ne croyons pas toutefois que l'innocente mise en
scène de l'église des Mathurins ait été bénévolement
approuvée, ou seulement acceptée par la généralité des
dignitaires ou fidèles de la grave et intraitable Faculté.
Force gens se trouvèrent pour s'égayer à propos du
nouveau docteur, pour ridiculiser la façon dont il avait
ânonné sa page de latin, pour flageller la déplorable
tolérance de ceux qui introduisaient subrepticement de
tels ignares au sein des doctes corporations. Longtemps même les échos retentirent de ces lazzi ou de
ces invectives.

Vingt ans s'étant écoulés, qui n'avaient fait que con-
sacrer plus solidement la réputation du docteur non
latinisant, l'on pouvait encore entendre un malin
docteur, se trémoussant dans l'ardeur de la fameuse
et persistante querelle des deux corps hippocratiques,
s'exprimer ainsi, en faisant allusion à cette « scanda-
leuse » réception :

« Le chirurgien est à l'égard du médecin ce qu'est
le dentiste pour le chirurgien. Et s'il est permis à celui-ci de professer publiquement son art, pourquoi
pas aux dentistes? Dira-t-on qu'ils ne savent pas le latin? (toujours la grande question!) Mais entre les

chirurgiens qui *excellent aux œuvres de l'art*, il en est (chacun sait de qui je veux parler, sans qu'il soit besoin que je les nomme) qui ne savent pas *décliner* leur propre nom. Nous les avons vus appelés de la boutique du barbier à la maîtrise chirurgicale, et reçus gratis contre la coutume, de peur que les barbiers, reconnus plus habiles que les chirurgiens, ne fissent honte à leur collègue.

« Nous les avons entendus débiter de la manière la plus plaisante du monde le latin qu'on leur avait soufflé, et ne comprenant pas plus ce qu'ils disaient que ces enfants à qui, dans les collèges, les professeurs font répéter des harangues grecques. Certes si vous voulez une preuve que de tous, tant qu'ils sont, il y en a bien peu qui sauraient articuler congrûment, je ne dis pas improviser dans la circonstance, la voilà bien manifeste. C'est que celui qui ouvrit la séance lâcha presque autant de solécismes que de mots, et plût à Dieu qu'il n'eût péché que dans les mots, et qu'il n'eût point déraisonné dans les choses ! Et pourtant si ce coryphée de la faction, si ce chef de file, qui le premier affronta le public, et s'exposa au jugement de doctes, pour devenir la fable du vulgaire, s'il avait reçu autant de coups de férule qu'il avait péché de fois contre les rudiments de la grammaire et écorché Despautère [1], il aurait lui-même depuis longtemps les mains tout écorchées [2]. »

Avoir écorché Despautère, voilà le grand, l'éternel grief. Ils ne sortent pas de là.

---

1. Auteur de la grammaire latine qui était en usage dans toutes les classes à cet époque, et qui lui avait valu le titre, assez mal justifié, de *prince des grammairiens.*

2. Riolan, cité par L. Figuier, biographie d'Amb. Paré, dans la *Vie des savants illustres.*

Toutefois qu'avons-nous pu remarquer au début de cette note acariâtre? Nous avons vu mise en question la liberté d'enseigner leur art, qui est l'objet des constantes réclamations des chirurgiens, et qui, on le comprend, ne leur est pas encore concédée.

Serait-ce donc en pure perte que le collège de Saint-Côme aurait acquis, au prix que nous savons, ce membre illustre? Nous ne devons pas le croire, car nul doute qu'Ambroise ne mît tout son crédit au service de la corporation; mais la corporation avait pour adversaire une forte partie.

Sur un champ de bataille où les positions des belligérants restaient presque invariables, la guerre se perpétuait, acharnée, implacable, surtout de la part des médecins, qui gardaient l'avantage.

Écoutons à ce propos un historien très autorisé [1] :

« L'antagonisme des barbiers chirurgiens, des maîtres chirurgiens de Saint-Côme et des docteurs de la Faculté continua pendant tout le xvie siècle, au grand détriment de la science et de l'humanité ; car il retardait de plus en plus l'avènement d'une branche de connaissances médicales les plus utiles et les plus dignes d'être encouragées.

« L'histoire est unanime pour condamner le mobile de ces querelles qui ont duré si longtemps et engendré plus d'un millier de mémoires, de procès, de brochures et d'articles de toute sorte, où la question de préséance des médecins et des chirurgiens semblait être l'unique préoccupation des savants.

« Au xviie siècle la lutte, pour être moins vive, ne persista pas moins; et, comme le dit Dezeimeris, la Faculté de Paris ne pouvait laisser au collège des chi-

---

1. Bouchut, *Histoire de la médecine et des doctrines médicales.*

rurgiens le repos et la liberté dont les fruits menaçaient
de faire oublier ses propres travaux. Les moyens ne
lui avaient jamais manqué pour nuire à ses rivaux;
mais elle sut trouver dans cette occasion le plus sûr et
le plus funeste. Grâce à l'impudence de ses valets les
barbiers, et à la bassesse de quelques chirurgiens in-
dignes d'appartenir au collège de Saint-Côme, elle
réussit par surprise et par intrigue à faire prononcer
par l'autorité suprême la réunion des barbiers et des
chirurgiens en une seule corporation, et à faire exclure
de l'université la chirurgie, qui y avait été un instant
reconnue, et dont la dignité se trouvait alors si gravement compromise.

Ce ne fut qu'en 1743 que le roi Louis XV rendit une
ordonnance qui remit les chirurgiens de Saint-Côme au
même état où ils étaient avant leur jonction avec les
barbiers; mais l'arrêt ne fut définitif qu'en 1749, un
an après la fondation de l'Académie royale de chirurgie, qui avait été d'abord créée comme société libre
d'enseignement supérieur.

Mais cela ne dura guère. La chirurgie, en tant
que corps constitué, disparut à la Révolution; mais
elle reparut quelques années plus tard, unie dans une
parfaite égalité de droits avec la médecine, lors de la
constitution de l'École de santé; et depuis lors, entre
ces deux branches de l'art médical il s'est fait une fu-
sion indestructible.

Quoi qu'il en fût de l'état de la grande querelle au
temps d'Ambroise Paré, il va de soi qu'il ne dut pas
tenir à lui que le succès ne passât dans le camp dont
il était le principal personnage; mais tout chirurgien
du roi, tout docteur qu'il pût être, encore est-il avéré
que le grand praticien lui-même ne fut jamais autorisé
à professer publiquement; mais qu'importe, s'il ensei-

gnait en particulier, si de nombreux disciples s'attachaient à lui, auxquels, sans autres visées que celles de la dignité et du progrès de la science, il s'efforçait de communiquer ses théories, de démontrer ses pratiques et de divulguer tous ses secrets.

Puis aussi, tout en rééditant son premier livre, il mettait au jour d'autres travaux, qui faisaient la lumière sur la valeur des anciennes traditions, et consacraient de nouvelles vérités expérimentales.

D'ailleurs, ne l'oublions pas, il était, il demeurait le chirurgien militaire par excellence ; la retraite n'avait nullement sonné pour lui quand il revient du siège d'Hesdin, où nous l'avons vu subir tant de fortunes adverses.

En 1557, Charles-Quint a déposé le fardeau des ambitions mondaines, mais son fils Philippe II, qui a hérité de toute sa haine pour la France, vient d'envahir de nouveau la Picardie. Son armée, conduite par ce même duc de Savoie qui commandait à Hesdin, coupe la route à un gros de troupes françaises en marche pour débloquer Saint-Quentin. Une furieuse bataille, qui s'engage presque sous les murs de cette ville, devient pour les nôtres un des plus sanglants désastres de l'époque. Quatre mille combattants sont morts, autant restent prisonniers, parmi lesquels beaucoup de gentilshommes, et notamment le connétable Anne de Montmorency, qui, commandant en cette affaire, y a été grièvement blessé d'un coup de pistolet au dos.

Le roi Henri II, apprenant, en même temps que la défaite, la blessure du connétable, dépêche aussitôt Ambroise à la Fère en Tardenois, pour que, par l'entremise du maréchal de Bourdillon, il obtienne un passeport du duc de Savoie, afin de pouvoir aller panser le noble captif.

« Mais, nous dit Ambroise, jamais le duc de Savoie ne voulut consentir que j'allasse vers le connétable, disant que le blessé ne demeurerait pas pour cela sans chirurgien, et qu'il se doutait bien que l'on ne m'envoyât pas seulement pour le panser, mais aussi pour lui donner quelque avertissement, et qu'il savait bien, pour m'avoir eu prisonnier à Hesdin, que je *savais faire autre chose que de la chirurgie.* »

On croit comprendre qu'après coup le duc avait été avisé de la sottise qu'il avait faite en ne retenant pas le prétendu misérable frater. Il avait le dépit de la forte rançon perdue.

Empêché ainsi de se rendre là où il était envoyé, et après avoir indiqué au messager admis à le remplacer le traitement qu'il croyait convenir au connétable, le chirurgien veut s'en retourner auprès du roi. Mais le maréchal de Bourdillon, prenant sur lui le soin d'excuser son retard par une lettre au souverain, le retient pour panser les blessés qui, à la suite de la terrible bataille, se sont retirés ou ont été amenés en grand nombre à la Fère. Et Dieu sait à quelle tâche il doit alors mettre la main !

« Les plaies des blessés étaient grandement puantes et pleines de vers avec gangrène et pourriture, tellement qu'il me fallut jouer fort des couteaux, pour amputer ce qui était gâté (on était au milieu d'août), et d'ailleurs il ne se trouvait là aucun médicament ; on en trouva un peu en recherchant un fourgon d'artillerie, mais encore s'en manquait-il de moitié que j'en eusse pour tous. Pour tuer les vers et arrêter la pourriture, je lavais les plaies de vin et d'eau-de-vie, faisant tout ce que pouvais ; mais nonobstant toutes mes diligences il en mourut beaucoup.

« Un jour des gentilshommes vinrent qui avaient

charge de retrouver le corps de M. de Bois-Dauphin l'aîné, qui avait été tué en la bataille ; ils me prièrent de les vouloir accompagner pour les aider à le reconnaître s'il était possible ; mais nous trouvâmes tous les corps *enfondrés*, décomposés par pourriture et dévisagés.

« Plus d'une demi-lieue autour de nous, la terre était toute couverte de morts, et nous n'y demeurâmes guère, à cause de la grande puanteur cadavéreuse que répandaient les corps tant des hommes que des chevaux ; et nous fîmes enlever une si grande quantité de grosses mouches, qui s'étaient procréées [1] de l'humidité des corps morts et de la chaleur du soleil, ayant le ventre vert et bleu, qu'étant en l'air elles faisaient ombre au soleil. On les entendait bourdonner à grand'merveille, et je crois que c'était assez pour pouvoir engendrer la peste au lieu où elles s'assirent. »

Quelque fatigante et périlleuse que fût la situation, Ambroise resta à la Fère jusqu'à ce que d'autres chirurgiens y eussent été envoyés, qui suffirent à parachever le pansement des blessés. De retour à Paris, il y trouva encore beaucoup de gentilshommes qui s'y étaient retirés après avoir été blessés à la bataille, et qu'il pansa, laissant à Dieu le soin de les guérir.

L'an d'après (1558), le roi l'envoie à Dourdan, plus particulièrement pour traiter de la fièvre quarte certain seigneur de Saint-Aubin, très brave et grand ami du duc de Guise. Il réussit non sans peine à entrer dans la place, le lendemain d'une sortie que les assiégés avaient faite, et au cours de laquelle plusieurs capitaines et bons soldats avaient été blessés. Le voilà donc taillant, pansant et trépanant sans relâche. De plus, il

---

1. Ambroise Paré croit encore sans examen, mais dans une circonstance toute accidentelle, que les insectes s'engendrent spontanément des corps en décomposition.

va entreprendre la cure toute médicale du seigneur de
Saint-Aubin lorsque celui-ci, vaillant comme son épée,
et quoique pris ce jour-là d'un de ces accès de fièvre,
s'en va, conduisant quelques hommes, pour attaquer les
Espagnols. Voyant qu'il commandait, un de ceux-ci lui

ANNE DE MONTMORENCY.

envoie une balle au travers du col. « Mon capitaine Saint-
Aubin croyait bien être mort, nous raconte plaisam-
ment le chirurgien ; mais, de la peur, je proteste qu'il
en perdit sa fièvre quarte, et en fut du tout délivré. »
Tout partisan qu'il était de l'empirisme, Ambroise

ne dut pas cependant, croyons-nous, enregistrer cette
héroïque médication parmi les spécifiques à recom-
mander contre la fièvre quarte.

En 1559, Ambroise Paré doit à sa qualité de chirurgien du roi d'être appelé auprès de Henri II, blessé dans
un tournois. Mais la blessure est profonde, mortelle,

MORT DE HENRI II.

et son art doit rester impuissant. François II confirme
le titre décerné au barbier de Laval par son père, que
tout jeune encore il va bientôt rejoindre dans la tombe.

En 1562, la France, n'ayant plus d'aussi vifs démêlés
avec l'étranger, est par contre en pleine fureur de
guerre civile, et qui pis est de guerre religieuse.

Les protestants sont maîtres de Rouen où commande
Montgomery. L'armée royale va les attaquer, comman-

dée par le roi de Navarre, qui, après avoir embrassé la réforme, a fait abjuration, par jalousie de Condé que les religionnaires ont choisi pour leur chef. Tout naturellement Ambroise Paré, que le roi Charles IX a nommé premier chirurgien, fait partie de l'expédition, sur la demande expresse du roi de Navarre, qui depuis longtemps apprécie ses talents.

Les assiégés opposent une vive résistance, plusieurs assauts se donnent sans résultat. Une fois Ambroise trépane huit ou neuf des assaillants blessés à la brèche de coups de pierre; puis un jour le roi de Navarre lui-même est atteint d'une balle à l'épaule.

Ambroise est appelé pour panser le prince, de concert avec d'autres chirurgiens. On cherche le projectile, on ne le trouve pas, ce qui fait conjecturer à notre chirurgien[1] qu'entré par la tête de l'os humérus, il a pénétré dans la cavité, assez profondément pour qu'il soit impossible de l'extraire. Tel n'est pas l'avis des autres chirurgiens, et notamment l'avis du chirurgien particulier du prince. Tous affirment d'une commune voix que la balle a dû se perdre dans le corps, où il est inutile de la rechercher : mais Ambroise maintient son affirmation, et à un des intimes du prince, qui lui demande ce qu'il augure de cette blessure, il ne dissimule pas qu'il la juge inguérissable, parce que, dit-il, en s'appuyant de l'autorité de tous les auteurs qui en ont écrit, toutes les plaies contuses aux grandes jointures sont mortelles.

Sur ce point encore il est en désaccord avec les autres praticiens, qui tous prétendent qu'il n'y a rien à craindre et que la guérison est certaine.

---

1. S'aidant sans doute en ce cas de la méthode rationnelle d'investigation imaginée par lui lors de la blessure de M. de Brissac (voy. chapitre vi).

CHARLES IX ENFANT.

« Quatre ou cinq jours plus tard, dit-il, le roi [1] et la reine mère [2], M. le cardinal de Bourbon son frère [3], M. le prince de la Roche-sur-Yon, M. de Guise et autres grands personnages, après que nous eûmes pansé le roi de Navarre, voulurent faire faire en leur présence une consultation où se trouvèrent plusieurs médecins et chirurgiens ; chacun en dit ce qu'il lui en semblait. Il n'y en eut pas un qui n'eût bonne espérance que le roi guérirait. Moi, je persistai toujours à dire le contraire. M. le prince de la Roche-sur-Yon, qui m'aimait, me retira à part et me dit que j'étais seul contre l'opinion de tous les autres, et me pria de n'être point opiniâtre contre tant de gens de bien.

« Je lui répondis que lorsque je connaîtrais de bons signes de guérison, je changerais d'avis ; et je disais toujours que le bras tomberait en gangrène : ce qu'il fit, quelque diligence qu'on y pût mettre. Et le roi de Navarre rendit son âme à Dieu le 18e jour de sa blessure (en octobre 1563) [4]. M. le prince de la Roche-sur-Yon ayant appris la mort du roi, envoya vers moi son médecin et chirurgien, en me disant qu'il voulait avoir la balle, et qu'on la cherchât à quelque endroit que ce fût. De quoi je fus *joyeux* [5], et je leur dis que j'étais bien assuré de la trouver bientôt. Ce que je fis en leur présence. Elle était tout au milieu de la cavité de l'os

1. Charles IX.
2. Catherine de Médicis.
3. Ch. de Bourbon, archevêque de Rouen, frère du roi de Navarre ; c'est celui qui fut proclamé roi de France par les Ligueurs, sous le nom de Charles X, après la mort de Henri III, quoiqu'il fût alors prisonnier de son neveu Henri IV.
4. Le titre de roi de Navarre passa de ce fait sur la tête de son fils qui n'avait alors que neuf ans, et qui fut plus tard Henri IV.
5. Cette joie est celle du savant praticien qui va pouvoir démontrer la certitude de ses assertions.

du haut du bras. On la montra au roi Charles et à la
reine, qui reconnurent que mon pronostic s'était trouvé
véritable. »

Là-dessus, la ville étant prise, Ambroise s'en re-
tourne à Paris, où il trouve à panser plusieurs malades
qui avaient été blessés à la brèche de Rouen...

Quelques semaines plus tard a lieu la terrible bataille
de Dreux. Envoyé au camp pour panser grand nombre
de gentilshommes blessés de coups de pistolet et d'autres instruments à *feu diabolique*, Ambroise s'applaudit
d'avoir sauvé par ses soins toute une chambrée qui en
comptait quatorze. Là encore le spectacle du champ
de bataille lui arrache un cri d'horreur. « A une grande
lieue à l'entour, dit-il, la terre était couverte de corps
morts. On avait estimé de vingt-cinq mille hommes ou
plus [1] ; *tout cela fut dépêché* (tué) *en moins de deux
heures.* »

En 1563, Ambroise est au Havre de Grâce, « où
lorsqu'on faisait les approches (travaux de fossés pour
donner l'assaut), les Anglais ayant blessé un certain
nombre des soldats et pionniers qui gabionnaient, les
compagnons de ceux-ci les voyant être si blessés qu'il
n'y avait espérance de guérison, les dépouillaient et
les mettaient encore vivants dans les gabions ; et ainsi
servaient de remplissage. »

En 1564, il part à la suite du jeune roi Charles IX [2]
que sa mère a résolu de montrer à ses peuples, pour
en imposer aux rebelles et pour inspirer l'assurance

---

1. Notre chirurgien exagère, sous le coup de la vive impression que
lui a causée sa visite au champ de bataille. Les historiens les plus ac-
crédités disent qu'il périt *huit mille* hommes à la bataille de Dreux,
où d'ailleurs ne se trouvèrent engagés au total qu'une trentaine de
mille hommes.

2. Né en 1550, Charles IX avait alors quatorze ans.

LE HAVRE AU XVIe SIÈCLE.

aux fidèles. Ce voyage, commencé par la Lorraine, continué par le Lyonnais, le Dauphiné, la Provence, le Languedoc, la Guyenne, ne dure pas moins de deux années, au cours desquelles Ambroise ne laisse jamais s'écouler un jour sans ajouter quelque observation nouvelle au trésor de sa longue expérience. Devancé par sa renommée, il est partout recherché des souffrants, qui ne font jamais appel en vain à sa science et à sa commisération ; mais partout, en même temps, il s'abouche avec les praticiens, il recueille des recettes, il enregistre des cas extraordinaires, qu'au retour il se promet de consigner dans les écrits où il a coutume de mettre en lumière tout ce qui lui semble devoir être connu, pour l'avancement de l'art et pour le bien de l'humanité. Nombreuses d'ailleurs sont pour lui, pendant le voyage autour de la terre française, les occasions d'exercer son esprit pénétrant, en même temps que son zèle de praticien ; car en ce royaume où la cour va promenant son faste, règne la peste « qui, dit ce sagace observateur, résulte premièrement de la famine qui, en ces années-là, force les gens à se nourrir de glands, de racines de fougères, et autres *vilainies bonnes à pourceaux*, et secondement de perturbation des esprits et humeurs, comme crainte, frayeur, fâcherie, engendrées par les dissensions civiles ».

La terrible moissonneuse fauche partout à coups redoublés, et partout Ambroise Paré, la trouvant à l'œuvre, cherche à découvrir les moyens de la désarmer, ou de lui soustraire des victimes. Il sait qu'il a affaire à forte et perfide partie, et qu'en voulant préserver autrui de ses atteintes, il s'expose aux plus graves périls ; mais qu'à cela ne tienne.

« Il faut, écrit-il, que ceux qui sont élus à panser et médicamenter les pestiférés, considèrent qu'ils sont appelés de Dieu à cette vocation ; partant ils y doivent aller d'un grand courage et sans aucune crainte, croyant que Dieu nous conserve et ôte la vie ainsi et quand il lui plaît (sans négliger ni mépriser toutefois les préservatifs, autrement nous serions accusés d'ingratitude, vu que Dieu nous les a donnés, ayant tout fait pour le bien de l'homme). »

Fort de son dévouement et de sa pieuse confiance en celui qui tient dans ses mains les existences humaines, il va bravement sur ce champ de bataille d'un nouveau genre, tant pour porter du réconfort aux affligés qui l'appellent, que pour tâcher de pénétrer le secret de l'épouvantable fléau.

« Une fois, raconte-t-il comme preuve toute naturelle de la force de caractère dont doivent s'armer ceux qui ont accepté la mission de combattre le fléau, une fois, allant panser un pestiféré qui avait un bubon à l'aine et deux gros charbons au ventre [1] ; près duquel étant arrivé, je levai de dessus lui le drap et la couverture ; sitôt une odeur très fétide me vint saisir, et je tombai subitement à terre comme mort, mais sans aucune douleur ni mal de cœur, signe manifeste que la seule faculté animale était offensée. Bientôt après, m'étant relevé, il me semblait que la maison tournait sens dessus dessous ; je fus contraint d'embrasser un des piliers du lit où était couché le malade, autrement je fusse tombé derechef. Ayant quelque peu de temps

---

1. Les bosses ou éruptions charbonneuses sont les principales manifestations de cette horrible maladie, qui alors visitait souvent l'Occident. Au cours du voyage de la cour, de 1565 à 1566, plus d'une fois le fléau prit ses victimes jusque dans l'entourage royal. « Au château de Roussillon, écrit Paré, une des demoiselles de la reine fut frappée de cette peste, et le troisième jour, bien qu'elle dît ne ressentir aucun mal, elle rendit son âme à Dieu, ce qui fut cause que nous partîmes promptement dudit lieu. »

après repris mes esprits, j'éternuai dix ou douze
fois avec telle violence que le sang me sortit par le nez,
ce qui fut cause, à mon opinion, que la vapeur pesti-
férée ne me fit aucune impression. »

Quoi qu'il en soit, nous voyons que le praticien ne
se ménage guère. De retour à Paris, il tombe en pleine
et désolante épidémie de petite vérole, ce qui lui ouvre
un nouveau champ de labeur et d'observation, et,
lorsqu'il trouve enfin quelque répit, c'est pour mettre
au jour, à la prière de la reine mère, les deux ouvrages dont il vient d'amasser expérimentalement les ma-
tériaux , son livre de la *Peste*, son livre *de la Petite
vérole et de la Lèpre*.

En 1567 a lieu la bataille de Saint-Denis, qui emplit
Paris de blessés. Ambroise s'efforce vainement de sauver le connétable (Anne de Montmorency) atteint d'un
coup de pistolet au milieu de l'épine dorsale. « Les chirurgiens, dit-il, furent longtemps occupés à panser les
malheureux qu'avait faits cette affaire. Je supplie le
grand Dieu des victoires que jamais nous ne soyons
employés en telle infortune et désastre ! »

Mais, deux ans plus tard, voici que se livre cette fameuse bataille de Moncontour où « en moins d'une
heure, comme aurait pu le remarquer notre chirurgien, furent *dépêchés* plus de dix mille hommes ». Là
encore il est en besogne ; et là encore non seulement
il renvoie « gaillard » maint pauvre soldat, mais encore maint guerrier de marque lui doit le soulagement
ou la guérison. Pansant chez les uns les horions de la
guerre, traitant chez les autres de vulgaires maladies,
il fait si bien que l'ami d'un de ses obligés, le duc d'Ascot, personnage en grand crédit à la cour, demande au
roi de le laisser emmener en Flandre l'incomparable
guérisseur, pour y voir un sien jeune frère, M. le mar-

quis d'Auret, qui, blessé au genou sept mois auparavant
d'un coup d'arquebuse au service de Sa Majesté, est
depuis dans le plus piteux état, sans que médecins ni
chirurgiens lui puissent donner ni espoir de guérison,
ni soulagement.

Le roi envoie « querir » Ambroise et lui commande
d'aller voir ledit seigneur d'Auret, et de le secourir en
tout ce qu'il pourra pour la guérison de sa blessure.

« Sire, répond le chirurgien, j'y emploierai le peu
de savoir qu'il a plu à Dieu de me donner. »

Et il part pour les Flandres. C'est son dernier voyage
de chirurgien militaire, effectué à trente-trois ans de
distance du premier (1536 à 1569) et qui semble tout
exprès arrangé — par le hasard cependant — pour
que toutes les qualités qui distinguent son savoir et
son caractère trouvent à s'exercer en même temps, et
aussi pour ménager une sorte de triomphal couronne-
ment à sa carrière à la fois si digne et si bienfaisante.
Il s'agit, nous le savons, de traiter un jeune gentilhomme blessé d'un coup d'arquebuse, et autour duquel, depuis sept mois, médecins et chirurgiens s'évertuent sans succès.

Il se rend donc au château d'Auret, situé à une lieue
et demie de Mons en Hainaut. Tout d'abord il n'a pas
lieu de se féliciter de sa venue; car il trouve là un
malheureux jeune homme dans un état qui lui semble
désespéré, « fort enfiévré, les yeux enfoncés, avec un
visage moribond et jaunâtre, la langue sèche et aride,
tout le corps émacié et maigre, la parole basse, comme
d'un homme fort près de la mort; » il voit une jambe
toute tuméfiée, presque en putréfaction, et d'ailleurs
tordue, recourbée par la douleur. Le malade est gisant
sur une couche infecte, où il s'obstine à vouloir crou-
pir, parce que le moindre déplacement lui cause des

COLIGNY A MONCONTOUR.

douleurs horribles, le fait tomber en défaillance, et quelquefois même le jette dans des espèces d'attaques d'épilesie. L'immobilité, la malpropreté, ont couvert son buste de plaies vives. Il est sans appétit. Une soif inextinguible le dévore; un tremblement nerveux convulsif lui ôte tout usage de ses mains. « Voyant et considérant tous ces grands accidents, dit Ambroise, j'eus un très fort regret d'être allé vers lui, parce qu'il n'y avait nulle apparence qu'il pût réchapper. Toutefois, pour lui donner courage et bonne espérance, je lui dis que bientôt je le mettrais debout, par la grâce de Dieu, et avec l'aide de ses médecins et chirurgiens. »

Ici, à la fois, se révèlent chez notre praticien et la commisération, qui lui conseille de réconforter le patient malgré sa désespérante situation, et la franche piété, qui lui fait attendre de Dieu seul l'espèce de miracle auquel peut être due cette difficile guérison. Un sentiment de déférence professionnelle le porte dès l'abord à associer aux éventualités de succès ses confrères, qui cependant semblent avoir fait preuve d'impuissance ou d'incapacité.

Mais il ne se dissimule nullement que la tâche, si elle est possible, présentera les plus grandes difficultés.

« L'ayant vu — poursuit-il — j'allai me promener en un jardin, où je priai Dieu qu'il me fît cette grâce que notre malade guérît, qu'il bénît nos mains et les médicaments dont on se servirait pour combattre tant de maladies compliquées. »

Comme il était là « repassant en lui les moyens qu'il lui faudrait tenir » en vue de ce résultat, on vient l'appeler pour dîner. Il entre à la cuisine — une de ces grandes, de ces imposantes cuisines flamandes, où, dans l'immense cheminée qui flamboie, bouillonnent les gigantesques marmites aux vapeurs alléchantes. De

l'un de ces vases homériques il voit « tirer un demi-
mouton, un quartier de veau, trois grosses pièces de
bœuf, deux volailles et une grosse pièce de lard, avec
force bonnes herbes ». Alors il se dit « que ce bouillon
de marmite doit être succulent et de bonne nourriture »,
et sans doute cette idée lui semble étrange d'un infor-
tuné jeune homme se mourant d'inanition sous ce toit
où abondent de tels éléments de réconfort. Et cette
remarque ne sera pas perdue pour cet observateur, qui
sait à l'occasion tirer profit de tout et ne négliger aucun auxiliaire.

Après le repas, les disciples d'Hippocrate entrent en
consultation en la présence de M. d'Ascot, le frère du
malade, et de quelques autres gentilshommes. Les
médecins et chirurgiens ordinaires de M d'Auret, devant
qui Ambroise s'étonne qu'ils aient laissé une telle pu-
tridité se produire, allèguent que le blessé ne veut pas
souffrir seulement qu'on touche à la couverture de
son lit. Ambroise répond que pour le guérir il faut
certainement toucher autre chose que la couverture. Les
autres le déclarent perdu. « Non, dit Ambroise, il
y a quelque espérance à fonder sur sa jeunesse, et
Dieu et nature font parfois des choses qui semblent
impossibles aux chirurgiens et médecins. »

Là-dessus, étant donnée la cause de la maladie, il
expose à ses confrères la marche qu'il croit devoir être
suivie pour réparer graduellement tous les désor-
dres survenus en ce corps délabré. Incisions pour évacuer les humeurs, transfert du malade dans un lit très
propre, dans une salle bien aérée, boissons adoucis-
santes, à de certains moments, contre la fièvre, lotions
aromatiques contre l'atonie des muscles, contre les dé-
faillances qui « procèdent de la faiblesse des forces na-
turelles, apportant troubles au cerveau, usage de bons

aliments succulents, comme œufs mollets (à la coque), raisins de Damas confits en vin et sucre, et aussi panade faite de bouillon de la grande marmite (de laquelle il a été ci-devant parlé), avec blancs de chapon, ailes de perdrix hachées et autres viandes rôties faciles à digérer : comme veau, chevreau, pigeonneaux, perdreaux, arrosés de sauce d'oranges, verjus et grenades; ou encore bouillies avec bonnes herbes, oseilles, laitues, pourpier, chicorée, *buglosse, souci*[1] et autres semblables. On coupera les cheveux pour pouvoir enduire la tête d'un liniment calmant. Pour obtenir ce repos, on donnera au malade, le soir, quelques grains d'opium, mais encore — écoutons bien — « *on fera pleuvoir par artifice* en faisant découler de l'eau de quelque lieu dans un chaudron, de sorte qu'elle fasse tel bruit que le malade la puisse entendre : par ces moyens il sera provoqué au sommeil. »

Que vous semble de ce trait, « faire pleuvoir par artifice »? Le chirurgien a remarqué que le bruit extérieur de la pluie, du vent excite chez ceux qui sont à l'abri un instinctif sentiment d'heureuse appréciation, qui les conduit à la béate somnolence. Et de cette remarque de la vie ordinaire il tire une prescription médicale, nous révélant une fois de plus la fertile originalité de cet esprit novateur.

Quand le chirurgien du roi a longuement exposé la théorie de cette cure, les autres consultants approuvent. On se rend ensuite auprès du malade, sur qui Paré pratique un premier travail d'exploration et de dégagement des plaies, et qui, porté dans un lit bien blanc, s'y trouve tant à l'aise qu'aussitôt il s'endort d'un som-

---

1. La buglosse, plante de la famille de la bourrache, et le souci (des champs) étaient alors, paraît-il, au nombre des herbes potagères.

meil qui dure près de quatre heures, ce qui ne lui était pas arrivé depuis bien longtemps. — « De quoi tout le monde de la maison commence à se réjouir, et principalement M. le duc d'Ascot, frère du malade.

« Les jours suivants, toutes les choses arrêtées en la consultation sont accomplies selon l'ordre et le temps. » Bientôt la fièvre cesse, les douleurs diminuent; et le blessé croit pouvoir donner congé à deux de ses médecins, si bien qu'il n'en reste plus que *trois* auprès de lui, y compris Ambroise.

Ambroise n'en demeure pas moins deux mois auprès de M. d'Auret, et comme le bruit s'est bientôt répandu du soulagement qu'éprouve le jeune seigneur, les malades foisonnent de cinq à six lieues à la ronde, pour avoir les conseils du docteur parisien.

M. d'Auret, heureux de se sentir revenir à la santé, fait donner à manger et à boire à tous les malades nécessiteux et prie Paré de vouloir bien les secourir tous « en faveur de lui », et Paré proteste qu'il n'en a refusé aucun. Ce jeune seigneur du reste est « aimé de la noblesse aussi bien que du commun peuple, tant pour sa libéralité que pour sa beauté et honnêteté, ayant le regard doux, la parole gracieuse, en sorte que ceux qui l'ont une fois envisagé sont forcés de l'aimer ».

Lorsque Paré voit que son malade est en état de supporter un peu le bruit du monde, il lui conseille d'avoir des violes et des violons et quelques comédiens ou bouffons pour le réjouir[1].» Et voilà la gaieté intronisée au château.

Au bout d'un mois, M. d'Auret pouvant se tenir dans une chaise « est porté et promené à la porte de son châ-

---

1. Tout est matière à prescriptions pour le sagace médecin, qui ne veut négliger aucun auxiliaire.

teau pour voir passer le monde. — Les villageois des
environs, sachant qu'on le peut voir, viennent aux fêtes
(jours fériés) chanter et danser, hommes et femmes,
pêle-mêle, en réjouissance de sa bonne convalescence,
étant tout joyeux de le voir, et, certes, ils ne sont ni
sans bien rire, ni sans bien boire, car, M. d'Auret leur
faisant toujours donner une barrique de bière, ils boivent à tire-larigot à sa santé. Et les citoyens de Mons en
Hainaut, et autres gentilshommes voisins le vinrent
voir, l'admirant comme un homme sortant du tom-
beau ; et dès lors qu'il commence à se bien porter, il
n'est plus jamais sans compagnie : quand l'un sort,
l'autre entre pour le visiter, sa table d'ailleurs étant
toujours bien couverte. »

Or si grands et petits prennent tant de part au réta-
blissement du sympathique gentilhomme, il va de soi
que tous éprouvent un vif sentiment de gratitude pour
l'auteur de cet heureux évènement.

« Un jour donc, les principaux de la ville de Mons
viennent supplier M. d'Auret pour qu'Ambroise se
rende en leur cité, où ils ont envie de le régaler et de
lui faire bonne chère pour l'amour de lui » (M. d'Auret). Le convalescent dit qu'il en parlera, et il en
parle en effet. « Ce n'est pas à moi qu'il faut faire tant
d'honneur, objecte Ambroise, et quelque chère qu'ils
me fassent, ils ne me sauraient donner meilleures
viandes[1] que la vôtre. »

Le jeune homme insiste, et le chirurgien consent
« pour l'amour de lui ».

Le lendemain on vient le prendre avec deux carrosses,
« les principaux de la ville avec leurs femmes l'atten-

---

1. Ce mot s'entendait alors de la nourriture en général. En vénerie,
d'ailleurs, on dit encore des animaux « qu'ils vont *viander* » pour
brouter ou manger.

dent avec empressement. A table, on lui donne le haut bout, et tous boivent à lui » ainsi qu'au convalescent, qu'ils estiment bien heureux d'avoir trouvé un tel médecin. Après le repas on le ramène au château, et partout sur la route il a été acclamé comme le sauveur de M. d'Auret, qui est si grandement aimé et honoré. »

Et plusieurs fois ces ovations se renouvellent, si bien que, pour échapper à des hommages qui l'effarouchent un peu, Ambroise, pouvant s'éloigner de son malade, lui demande de lui permettre d'aller visiter la ville d'Anvers. Il part accompagné du maître d'hôtel et de deux pages. Mais beaucoup de bons marchands anversois connaissent M. d'Auret, qu'ils « tiennent en grand amour », et alors c'est à qui d'entre eux fêtera le fameux mécecin qui le leur a conservé. On revient, passant par Bruxelles et Malines, et là encore il faut recevoir des honneurs et s'asseoir à la table des uns et des autres.

Enfin M. d'Auret commençant à marcher seul, et la cure n'étant plus qu'affaire de temps, et pouvant être laissé aux soins de son médecin ordinaire, Ambroise, comblé de présents et de bénédictions, après quelques jours de fête et de bonne chère au château d'Auret, prend congé pour regagner Paris, où il est reconduit par deux pages, qui ont ordre de ne le quitter qu'au seuil de sa maison. Et tout le long de la route il recueille encore les hommages les plus flatteurs.

« Jamais médecin, dit un biographe, ne fut l'objet d'un pareil triomphe. » « Tous me faisaient, dit Ambroise, plus d'honneur que je n'en demandais. » Honneurs non demandés sans doute, mais si bien mérités, qu'ils ont laissé, on le sent, le plus doux souvenir dans le cœur de celui qui les reçut.

XV

Enfin l'heure, non pas du repos — car il ne saura
jamais se reposer, — mais de la stabilité, a sonné
pour Ambroise Paré.

Il a cinquante-deux ans. Il est généralement reconnu par tous ceux que n'aveugle pas la jalousie ou
que n'engourdit pas la routine opiniâtre, comme le
plus savant, le plus ingénieux, le plus habile des praticiens.

A la mort du roi Henri II, avons-nous dit, François II l'a confirmé dans son titre de chirurgien ordinaire. Charles IX, succédant à son frère, l'a élevé au
rang de premier chirurgien, et cette qualité fait de
l'ancien barbier le familier de la demeure royale, ce
qui lui assure, en même temps qu'un grand crédit et
de beaux revenus, une importante clientèle, reconnaissant libéralement les soins qu'elle lui demande.
C'est l'aisance d'abord, la richesse ensuite. Et c'est
d'ailleurs en même temps la plus ample satisfaction
donnée à un désir toujours ardent d'études, de recherches, d'expériences.

Tout le temps qu'il ne consacre pas au soulagement
direct des souffrants leur est encore dévolu, il l'em-
ploie à enseigner les saines notions de l'art aux nom-

breux disciples dont il est journellement entouré, et qui doivent plus tard profiter et répandre ses doctrines, et aussi à rassembler, rédiger et publier des livres qui, après avoir consacré la méthode rationnelle, expérimentale, dont il a été l'apôtre de génie, doivent, en France, en Italie, en Allemagne, inspirer à de fécondes intelligences le sage amour du progrès et la judicieuse poursuite de la vérité.

La vérité, tel est le but qu'il vise à toute heure, sans se lasser et sans s'étonner jamais des voies à prendre pour l'atteindre.

Plein de respect pour les anciens, pour les prédécesseurs, il sait toutefois résister au courant d'absolue servilité qui à sa venue faisait loi dans l'école. Dans les doctrines des grands observateurs qui ont illustré, presque divinisé la médecine chez les Grecs, chez les Latins, chez les Arabes, il ne voit — comme l'a fort bien dit un des commentateurs de ses travaux — que l'autorité d'un immense savoir et d'une puissante raison; mais il ramène toujours leurs opinions à l'expérience, comme à une épreuve nécessaire et comme à la source de la vérité.

Rien de plus curieux que de le suivre dans l'espèce de recherche obstinée qu'il est toujours prêt à faire de tout ce qui peut dissiper une ombre, lever un doute et faire avancer d'un pas la science.

L'anatomie, sa passion originelle en quelque sorte, reste sa passion la plus vive, comme devant former la base unique et nécessaire de tout ce qui touche à l'art de guérir. Reconnaissant que son premier savoir, sa première habileté, ont pour principe les travaux faits par lui sur la *machine humaine*, alors que, tout jeune et interne de l'Hôtel-Dieu de Paris, il s'y livrait avec assiduité aux dissections, il pousse sans cesse les

jeunes chirurgiens dans cette voie; il leur donne
l'exemple en saisissant toutes les occasions de recourir à ce mode d'études, qu'il préconise à chaque page
dans ses livres, et dont à tout propos il s'efforce de démontrer l'importance. Jamais il ne manque d'ailleurs
de citer ces sagaces déductions qui sont le propre de sa
lumineuse intelligence, et qui apprennent aux novices
les ressources qui sont souvent à la fois si simples et si
ingénieuses, et qui constituent la force de l'art d'observer.

Ses leçons, toutes semées de souvenirs personnels,
abondent, en traits semblables à celui-ci :

« L'aumônier des dames de l'Hôtel-Dieu de Paris,
quand j'y étais pansant les malades, raconte-t-il dans
un de ses traités, était un jeune moine de l'ordre de
Saint-Victor, grand, droit, fort et puissant. Il lui survint un jour une fièvre continue : il avait la langue
aride, sèche et raboteuse, de couleur noire, à cause
de l'extrême chaleur de la fièvre et de la vapeur pu-
tride qui montait des parties intérieures à la bouche
(car selon le dire du vulgaire, quand un four est bien
chaud, la gueule (du four) s'en ressent) [1], il tirait la
langue hors de la bouche comme un chien qui a longtemps couru, et désirait perpétuellement boire avec
grande défaillance, envie de vomir, enfin il mourut le
troisième jour, au milieu de grandes convulsions.

« Les dames, voyant ce pauvre moine dépêché en si
peu de temps, assuraient qu'il avait dû être empoisonné. MM. les gouverneurs de l'Hôtel-Dieu ayant été

---

1. Cet enfant du peuple — qu'on ne saurait accuser de se complaire
aux trivialités, — car nous l'avons entendu condamner les « mauvais
dires et les blasphèmes » , — n'hésite pas à s'emparer d'une expression
qui lui semble faire énergiquement image pour ce qu'il veut démontrer.

avertis, commandèrent que le corps du moine fût ouvert, afin de savoir la vérité. Pour cela faire, furent appelés un médecin, un chirurgien et moi ; et l'ayant ouvert, nous trouvâmes au fond de son estomac un vestige semblable à celui que laisse un cautère potentiel[1] avec une escarre ou croûte de la largeur d'un ongle. Alors nous conclûmes tous, d'un prompt consentement, qu'il avait été empoisonné par le sublimé[2] ou par l'arsenic. Mais pendant que je recousais le cadavre, j'aperçus plusieurs petites taches noires semées sur le corps ; et alors je rappelai la compagnie pour contempler lesdites taches. Le médecin et le chirurgien me dirent que ce devait être morsures de puces ou de punaises ; ce que je ne voulus accorder, parce qu'il y en avait en grande quantité. Et pour vérifier mon dire, je pris une épingle, la poussant assez profondément dans le cuir en plusieurs endroits, et ensuite le coupai avec des ciseaux, et la chair de dessous fut trouvée noire. Sur quoi nous considérâmes la couleur livide du nez, des oreilles, des ongles, plus noire qu'elle n'a coutume d'être aux morts d'autres maladies…. Alors ils changèrent d'opinion, et nous fîmes notre rapport contenant que le moine était mort d'un charbon pestiféré, et non d'autre poison. »

Cela se passait — remarquons-le — au temps où Ambroise, tout nouveau débarqué à peine de la province, et âgé de quelque dix-sept ou dix-huit ans, n'était encore que simple apprenti barbier admis à l'internat de l'Hôtel-Dieu, sans doute par une faveur due aux aptitudes que ses premiers maîtres avaient vues se

---

1. Produit par la désorganisation due à l'effet d'une substance corrosive, le cautère *potentiel* est différent du cautère *actuel*, qui est produit par l'effet du fer ardent.

2. Sublimé corrosif : bichlorure de mercure.

révéler en lui ; car il n'était pas, pour les connaissances classiques, dans les conditions exigées des aspirants chirurgiens. Probablement ces médecins, ces chirurgiens l'avaient pris comme simple aide pour ce travail manuel où déjà l'on savait qu'il excellait ; et c'est lui, le novice, qui, par une de ces soudaines inspirations dont sa vie devait être pleine, dicte l'opinion aux docteurs. Que sera-ce donc après trente ou quarante années de pratique toujours active, toujours attentive [1]?

C'est surtout ce qui assure le succès à son enseignement personnel et à ses livres.

D'ailleurs, arrivé à la renommée, à la fortune, aux titres élevés, le fils du pauvre menuisier, logé dans le palais des rois, sait se garder de tous les travers de l'orgueil ; car il sait se souvenir. Au sortir du Louvre qu'il habite, il fait volontiers halte en la boutique de quelque pauvre barbier qu'il se plaît à nommer son confrère, et qui, au cas échéant, ne recourra jamais en vain à son crédit ou à sa libéralité.

Il accueille les jeunes, il les conseille, les guide, les aide. Jalousé de beaucoup, il ne manque aucune occasion de signaler le mérite partout où il croit le reconnaître. A chaque page de ses livres nous trouvons cités avec éloge les praticiens qui ont été associés à ses travaux, ou qu'il a pu voir se distinguer.

Maintes fois, du reste, il fera mieux que rendre ces témoignages favorables : il payera de sa personne pour sauvegarder l'honneur, la situation d'un confrère.

---

1. Un livre très intéressant est celui où Ambroise Paré fait une sorte de cours de ce que nous appelons aujourd'hui la médecine *légale*, et où il donne les diverses indications devant aider à reconnaître sur le cadavre les indices des actes criminels qui ont pu causer la mort. Il y a là tout un ensemble d'aperçus qui, pour la plupart, lui appartiennent en propre, et qui sont restés classiques.

Un jour, par exemple, les médecins ayant prescrit une saignée au roi Charles IX, l'opération est confiée à l'un de ses chirurgiens ordinaires, qui a par-dessus tous la réputation de bien saigner. Cependant, tout habile qu'il est, le praticien pique par malheur un tendon, ce qui peut amener les plus graves complications. Aussitôt Paré intervient, qui non seulement console l'opérateur désolé, épouvanté, mais encore le justifie si bien qu'il lui épargne la disgrâce ; et, assumant sur lui toute la responsabilité, il redouble d'habileté, de délicatesse dans le pansement, et parvient à prévenir des accidents qui pouvaient être funestes. S'il raconte ensuite — après la mort du roi — cette circonstance dans ses écrits, c'est tout simplement pour ne pas laisser se perdre les moyens qu'il a employés, et qui ont réussi en ce cas difficile ; — mais il a bien soin de taire le nom du confrère dont il a réparé l'erreur : erreur que, dit-il, il aurait pu commettre tout aussi bien que lui[1].

Ainsi s'écoulent les jours de cet ami passionné de la science, de cet infatigable serviteur de l'humanité, qui tend sans cesse à ces fins également louables : apprendre, éclairer, soulager.

Apprendre : il n'est rien, en effet, qu'il dédaigne de ce qui s'offre à sa curiosité. Empêché dans sa jeunesse d'étudier les vieilles langues, plus tard ne pouvant trouver le temps de s'y appliquer, il fait traduire à ses frais, et pour le seul plaisir d'y fouiller, les anciens ouvrages qui n'ont pas encore été mis en français. En-

---

1. On a su par d'autres que ce chirurgien était Antoine Portal, qui fut, par la suite, premier chirurgien de Henri III. — Quand d'aventure il arrive que Paré est obligé de reconnaître le cas où, par erreur ou par ignorance, le médecin a envoyé son malade au pays dont on ne revient pas, il appelle cela « *ouvrir la terre et le ciel* », la terre pour enfouir le corps, le ciel pour recevoir l'âme qui, étant victime, a bien droit d'entrer au paradis.

tend-il vanter le secret d'un charlatan, il l'achètera
de ses deniers, même à haut prix, pour le révéler, si,
comme cela lui arrive plus d'une fois, il n'est pas
tombé sur quelque spécifique inerte ou déjà connu...

Éclairer : ses écrits témoignent du soin opiniâtre
qu'il prend de battre en brèche, autant que le peut
faire ce lumineux esprit venu en plein chaos d'erreurs
et de superstitions, les niaises ou extravagantes données de la prétendue science [1].

1. Dans son livre des *Venins*, et notamment dans les chapitres où
il traite de la *licorne*, des *perles*, de l'*or potable*, etc., alors univer-
sellement réputés comme des antidotes aux vertus souveraines, il
s'efforce de démontrer l'inanité de ces spécifiques, que la crédulité
faisait acquérir à des prix souvent fabuleux ; et, à ce propos, il rapporte une anecdote caractéristique. La *licorne* (espèce de corne venan
à ce qu'on croyait d'un animal marin) jouissait d'une grande estime
comme principe destructif des poisons ; la tradition voulait qu'il y en
eût toujours un morceau dans la coupe où buvait le roi. Paré, qui tenait cette substance pour absolument inerte, et qui souffrait, en tan
qu'ami de la vérité, de voir l'espèce de consécration donnée à des
vertus absentes, en parla un jour au premier médecin du roi, nommé
Chapellin, qui avait l'hygiène royale dans ses attributions, et lui con-
seilla d'en *ôter* l'usage, à cause du grand et coûteux abus qu'en faisaient beaucoup de gens. — Pour moi, répondit le médecin, je ne
reconnais aucune vertu à cette corne, mais, que voulez-vous ? l'opinion contraire est tellement invétérée au cerveau des princes et du
peuple, que je ne tiens nullement à aller à l'encontre. D'ailleurs,
ajoute t-il, si cela ne sert à rien, cela ne fait non plus d'autre mal,
sinon à la bourse de ceux qui l'achètent parfois plus cher qu'à prix
d'or. — Soit ! dit Paré, mais au moins écrivez votre opinion, afin d'ef-
facer les fausses idées qu'on a de cette corne. — A quoi le médecin
répondit que tout homme qui entreprend de réfuter quelque opinion
reçue ressemble au hibou, au chat-huant ; que, pendant sa vie, il ne se
risquera jamais aux coups des envieux, mais qu'après sa mort on trouvera écrit ce qu'il n'avait pas cru devoir publier de son vivant. —
Or, ajoute Paré, comme, ce médecin étant mort, il n'a rien paru de lui
à ce sujet, « je m'expose volontiers à être en butte aux coups qu'il n'a
pas voulu recevoir. — Puisse-t-on m'assaillir de quelques bons traits
de *raison* ou d'expérience, et tant s'en faut que je me tienne offensé ;
au contraire, je saurai fort bon gré à qui pourra me faire savoir ce
que je n'ai jamais pu apprendre des plus doctes. » — Cette historiette
met bien en relief la différence d'esprit existant entre notre chirurgien
et les autres praticiens de son temps.

Soulager : avons-nous besoin d'affirmer encore une fois ce que proclament d'une manière si éclatante tous les traits de cette existence tout entière consacrée à l'humanité? Il est heureux chaque fois qu'il peut indiquer le remède, la pratique efficace contre telle ou telle affection; mais nous surprenons chez lui une sincère tristesse dans le cas où il est obligé d'avouer l'impuissance de l'art, comme, par exemple, quand il traite de la lèpre ou de la peste. Alors l'homme de science s'effaçant devant le philanthrope, devant le chrétien, les paroles émues s'échappent de sa plume ou tombent de ses lèvres.

Ayant reconnu que tout lépreux *confirmé* (chez qui la lèpre est devenue incurable) doit être éloigné de la compagnie des personnes saines, parce que sa présence pourrait communiquer à tous la terrible maladie : « Je conseille, dit-il, que, lorsqu'on les voudra séparer[1], on le fasse le plus doucement et amiablement qu'il sera possible, se souvenant qu'ils sont nos semblables, que s'il plaisait à Dieu, nous serions touchés de semblable maladie, ou même encore de plus grave. Et il les faut avertir que, bien qu'ils soient séparés du monde, toutefois ils sont aimés de Dieu, en portant patiemment leur croix... »

Après avoir exposé tout ce qu'il croit pouvoir être fait en cas de peste[2], après avoir tâché de convaincre les gens de cœur qu'ils peuvent, en suivant ses instruc-

---

1. Les lépreux étaient d'ordinaire relégués loin des villes en quelques bâtiments solitaires. Ils devaient, pour qu'on les reconnût et les évitât en cas de rencontre, aller tête nue, porter des vêtements déchirés, et agiter une sonnette ou une crécelle de bois.

2. Toujours prêt à recueillir les préceptes utiles et à montrer l'erreur, Paré, dans son livre sur la peste, raconte l'histoire de certain paysan de la Beauce qui fut un jour traduit en justice comme sorcier, parce que ses brebis ne mouraient point alors que toutes celles de

tions, visiter et secourir sans danger leur prochain. « Beaucoup mieux aimerais-je, dit-il, que personne n'eût besoin de mon travail, et que la sérénité de l'air, par la bonté de notre Dieu, fût toujours telle que la peste perdît son nom et ses effets. » Mais puisqu'elle existe et qu'encore il peut arriver qu'elle fasse de nombreuses victimes, au moins ceux qui seront appelés, ou qui iront d'eux-mêmes auprès des moribonds doivent-ils tâcher de savoir les consoler, les préparer à cette suprême épreuve qui s'appelle la mort, « mais par laquelle nous sommes conviés à la jouissance du royaume céleste, comme par un héraut envoyé du ciel. Si un roi, par un message, appelait un pauvre et misérable à lui pour le faire participant de son royaume, quel plaisir et soulagement ce pauvre recevrait-il? A plus forte raison devons-nous être joyeux quand Dieu, par la mort, nous envoie ce messager qui nous conduit à lui, pour hériter de son royaume éternel et bien heureux ; puisque l'échange est tel, nous avons matière de consolation, la mort nous étant cet heureux messager qui nous fait passer de cette vie à la vie éternelle, du malheur à la félicité, de la tristesse à la joie, de la misère à la prospérité.t. »

ses voisins périssaient. Il répondit que toute sa sorcellerie consistait à ne pas mener ses brebis paître le matin avant que le soleil eût enlevé la rosée, qu'il l'avait déclaré à ses voisins, qui n'avaient pas voulu suivre son conseil : « ce qui fut trouvé vrai, et il fut absous. »

XVI

Dans la nuit du 24 août 1572 — date à jamais funèbre en notre histoire — pendant qu'on massacrait partout les protestants, « le roi, — raconte Brantôme, — criait incessamment : Tuez! tuez! Il n'en voulut sauver aucun, sinon Ambroise Paré, son premier chirurgien et le premier de la chrétienté, et l'envoya quérir le soir, et le mit dans sa chambre, en lui commandant de n'en bouger, et disait à quelques-uns de ses cruels conseillers, qui murmuraient de cette exception, qu'il n'était (pas) raisonnable de massacrer celui qui pouvait servir à tout un petit monde. Et il ne le pressa point de changer de religion... »

Ambroise Paré, né avant la réforme [1], en avait donc embrassé les principes?

Nous devons le croire, car Sully, le célèbre ministre de Henri IV, rapporte aussi dans ses mémoires que, le lendemain de la sanglante nuit, le roi dit à Ambroise Paré que l'heure était venue d'abjurer ses croyances,

---

1. Ou plutôt en l'année même (1517) où Luther attaqua publiquement la vente des indulgences : premier acte des discussions religieuses.

et que le chirurgien, sollicité déjà antérieurement à
plusieurs reprises, repartit au souverain qu'il avait parole de lui qu'il ne le contraindrait jamais ni à quitter
son service, ni à aller à la messe.

Pourtant des érudits contemporains, arguant du fait
qu'on a retrouvé les actes de naissance des enfants de
Paré, et même son acte mortuaire sur les registres
d'une église, veulent affirmer qu'il fut et resta toujours catholique.

D'autres, prenant un moyen terme, se bornent à prétendre qu'après la Saint-Barthélemy, sinon le jour
même, il rentra dans sa foi première.

C'est, à la vérité, par l'une comme par l'autre affirmation, récuser bien hardiment les témoignages de maints
contemporains aussi dignes de foi qu'en état d'être bien
renseignés.

Au surplus, devons-nous prendre aujourd'hui grand
souci de cette question ?

« Une fois, — dit encore un contemporain, — Catherine de Médicis, raillant le chirurgien sur sa croyance,
lui demanda si réellement il pensait être sauvé. »

« Oui, certes, madame, aurait répondu le bon Ambroise Paré, parce que je fais ce que je peux pour être
brave homme dans ce monde, et que Dieu est miséri-
cordieux, entendant bien toutes les langues, et con-
tent qu'on le prie en français ou en latin [1]. »

Nous pouvons donc nous en tenir à cette droite appréciation, car, huguenot ou catholique, Ambroise
Paré fit toujours profession de la plus sincère comme
de la plus tolérante piété, et toujours, chose importante en pareille matière, il sut y puiser ces actifs sen-

---

1. On sait que les protestants avaient remplacé la liturgie latine de
l'Église romaine par des prières en langue usuelle.

timents de charité, d'humanité qui sont, qui doivent
être les vrais, les doux fruits de la foi. ·

Quoi qu'il en fût, les historiens assurent qu'à la suite
du trop fameux massacre, le roi Charles IX consulta
son premier chirurgien sur une affection subite dont
il ne s'expliquait pas la nature.

« Je ne sais ce qui m'est survenu, lui dit-il, mais je
me trouve l'esprit et le corps grandement émus,
comme si j'avais la fièvre ; que je veille ou que je dorme,
il me semble à tout moment que ces corps massacrés
se présentent à moi, avec leurs faces hideuses et cou-
vertes de sang. Je voudrais que l'on n'eût pas fait mourir les imbéciles [1] et innocents. »

Ambroise, dit-on, n'eut pas de peine à démontrer au
jeune souverain que son mal n'était autre que ce terrible mal de l'âme qui s'appelle le remords ; et l'on
ajoute que ses exhortations contribuèrent beaucoup à
la révocation des ordres qui avaient été envoyés de
toutes parts pour l'extermination des malheureux religionnaires.

De quelque zèle toutefois que le chirurgien fît
preuve, il n'était pas en son pouvoir de délivrer le
royal affligé du mal sinistre dont il était frappé.

Quelques mois plus tard, Charles IX s'éteignait,
après une longue et cruelle agonie.

Entré au service de son successeur, qui lui donna
le titre de conseiller, Ambroise Paré se retira bientôt
de la cour (où souvent encore cependant il fut appelé)
pour vivre en toute liberté au milieu de sa famille, de
ses élèves, en cultivant plus assidûment que jamais la
science qui lui avait valu la gloire et la richesse.

---

1. Le roi désigne par là ceux qui n'avaient pas conscience de leur
égarement.

Il possédait à Paris, dans le quartier Saint-André des
Arcs[1], une vaste demeure où il avait rassemblé beaucoup de livres et formé une nombreuse et très cu-
rieuse collection de pièces anatomiques. C'était là
qu'il vivait, accessible, hospitalier à tous; prodiguant

SAINT-BARTHÉLEMY (24 AOUT 1572).

les enseignements et les secours; aimant à se rappeler
ses humbles commencements, qu'il offrait en exemple
aux novices qui venaient à lui, et qui étaient sûrs de le
trouver toujours prêt à les éclairer, à les soutenir.

Revisant, augmentant ses écrits anciens, pour la
publication desquels, sans aucun désir de gain, il faisait graver à grands frais les planches qui devaient les

1 C'est par corruption qu'on dit aujourd'hui des *Arts*.

rendre plus clairs, plus utiles, il s'occupait de mettre au jour de nouveaux travaux, reposant en majeure partie sur ses observations personnelles.

Le collège de Saint-Côme, dont il était devenu l'un des doyens, comme la corporation des barbiers, au sein de laquelle il aimait à se retrouver, ne firent jamais vainement appel à son appui, à son dévouement. Comptant parmi les sommités du temps beaucoup d'amis, beaucoup d'admirateurs, et surtout beaucoup d'obligés, il n'en avait pris aucune morgue, et s'il laissait percer quelquefois dans ses propos et dans ses écrits une pointe de vanité, c'est lorsqu'il avait à riposter au pédantisme envieux qui, au nom de la routine, objet de sa plus vive aversion, tâchait d'entraver ses pas sur le chemin de la vérité.

Le poète Ronsard, que ses contemporains avaient en quelque sorte divinisé, ne dédaigna pas de chanter le grand chirurgien; et pour lui rendre hommage il crut devoir s'enorgueillir d'être né dans le Vendômois, province voisine de celle qui avait donné le jour à Paré.

Quand parurent pour la première fois les œuvres complètes du grand chirurgien, Ronsard, les ayant reçues, écrivit ces vers, qui accompagnèrent les éditions suivantes :

> Tout cela que peut faire en quarante ans d'espace,
> Le labeur, l'artifice, et le docte savoir :
> Tout cela que la main, l'usage et le devoir,
> La raison et l'esprit commandent que l'on fasse,
> Tu le peux voir, lecteur, compris en peu de place,
> En ce livre qu'on doit pour divin recevoir.
> Car c'est imiter Dieu que guérir et pouvoir
> Soulager les malheurs de notre humaine race.
> Si jadis Apollon, pour aider aux mortels,
> Reçut en divers lieux et temples et autels,

> Notre France devrait (si la maligne envie
> Ne lui sillait (fermait) les yeux) célébrer ton bonheur.
> Poète[1] et voisin, j'aurais ma part en ton honneur,
> D'autant que ton Laval est près de ma patrie.

Le poète ajouta ce quatrain :

> L'un lit ce livre pour apprendre,
> L'autre le lit comme envieux :
> Il est aisé de le reprendre,
> Mais malaisé de faire mieux.

C'était en bonne connaissance de cause que Ronsard s'exprimait ainsi, car, quelque consacrées que pussent être la réputation, l'autorité d'Ambroise Paré, les suppôts des vieilles doctrines n'avaient pas désarmé, et l'attendaient toujours au premier faux pas qu'il leur semblerait faire.

Aussi le jour où, réunissant ses divers traités antérieurement publiés, il s'avisa de les réimprimer avec une introduction, où, tout naturellement, il abordait certaines questions qui n'étaient pas du domaine exclusif de la chirurgie, en y ajoutant un *Traité des fièvres*, un doyen de la Faculté entra en campagne pour demander au parlement l'application d'un arrêt « portant défense de publier aucun livre de médecine sans l'approbation préalable de la Faculté de médecine de Paris ».

Le cas, en effet, était pendable.

Ce téméraire, cet ignare avait osé aborder « de hauts points de philosophie et de médecine, la question des éléments, des humeurs, des facultés, des actions, des esprits ». Il avait traité des fièvres comme s'il y

---

1. Le mot *poète* ne formait alors que deux syllabes, et se prononçait comme s'il eût été écrit *poïte*. Quelques personnes ont d'ailleurs conservé cette façon de prononcer.

entendait quelque chose, et comme si ses propositions, entachées d'absurdité, n'allaient pas troubler la notion antique du vrai... Enfin et toujours, comble d'ignorance et d'abomination, ce gros livre restait écrit tout entier en langue vulgaire, par suite du système obstiné de l'auteur, qui ainsi ne cessait de « déshonorer la science ».

« Ce me semble le contraire, répondit tranquillement Paré, car ce que j'en ai fait est plutôt pour la magnifier et honorer, ne voulant être de ces curieux qui veulent cabaliser les arts et les serrer sous les lois de quelque langue particulière ».

Malgré ces excellentes raisons, le prévôt et les échevins de la ville de Paris, venant à la rescousse de la Faculté, demandèrent que l'ouvrage de Paré fût brûlé, comme renfermant des choses impudiques et contraires à la morale publique...

Le parlement, saisi de la double et haineuse requête, rendit un « arrêt autorisant » la Faculté à porter les ciseaux sur le livre incriminé, pour en supprimer les parties qui s'y trouvaient déplacées.

Mais ce jugement n'eut évidemment aucune suite, car le livre demeura dans son entier.

Le parlement en fut pour sa complaisance et les routiniers pour leur colère, dont il ne revint aucun trouble réel à la digne et vénérée vieillesse du grand chirurgien, qui doucement s'éteignit le 22 décembre 1590, âgé de soixante-treize ans.

On lui a donné, avec raison, le beau, le glorieux titre de *Père de la chirurgie française*.

La France honore en lui un de ses plus utiles citoyens, la science une de ses plus pures lumières, l'humanité un de ses plus fervents apôtres.

Devant tout à ses œuvres, cet enfant du peuple,

aussi noble par le cœur, qu'élevé par l'intelligence,
est et restera grand parmi nos grands hommes, car
on l'aime et on l'admire; et la vraie, la pleine gloire
n'est-elle pas celle qui sait mériter l'amour, en même
temps qu'elle s'impose à l'admiration?...

FIN

TABLE DES MATIÈRES

		Pages
I.	— Comment un honnête chapelain avait pour élève latiniste un pauvre enfant, auquel il n'enseignait guère le latin.	5
II.	— Pourquoi les parents du petit Ambroise avaient voulu que leur fils apprît le latin.	9
III.	— Les projets que forme Ambroise, après avoir laborieusement conquis le titre de barbier.	21
IV.	— Comment le jeune Ambroise débute, en démontrant qu'on peut supprimer une cruelle pratique de la vieille chirurgie.	27
V.	— Comment Ambroise, faute de savoir le latin, ne peut à son grand regret, prétendre au titre de chirurgien.	37
VI.	— Les aventures d'Ambroise devant Perpignan ; et comment il est amené à publier son premier livre.	41
VII.	— La grande humanité d'Ambroise et son horreur pour les engins de destruction.	55
VIII.	— Comment Ambroise. qui n'est encore qu'un simple barbier, fait une des plus grandes et des plus belles découvertes de l'art chirurgical.	73
IX.	— Comment, par son seul mérite, Ambroise obtient le titre de chirurgien ordinaire du roi Henri II.	81
X.	— Ce que voit et ce que fait Ambroise au terrible siège de Metz.	87
XI.	— Les dangers que court Ambroise au siège d'Hesdin, et comment ses talents lui valent la liberté.	115
XII.	— Comment Ambroise est recherché par ceux qui l'avaient dédaigné, et comment lui sont offerts des titres qu'il ne désire plus.	135

Pages.

XIII. — Comment, sans savoir le latin, mais en parlant latin,
　　　　Ambroise devient bachelier, licencié et docteur-chi-
　　　　rurgien.. 143

XIV. — Comment Ambroise, après s'être encore signalé dans
　　　　diverses campagnes, obtient en Flandre un véritable
　　　　triomphe.. 145

XV. — Quel usage Ambroise, devenu premier chirurgien et
　　　　conseiller du roi Charles IX, fait de son temps, de son
　　　　savoir et de son crédit................................. 175

XVI. — Les dernières années d'Ambroise et le titre que lui a
　　　　décerné la postérité.................................... 185

FIN DE LA TABLE DES MATIÈRES.

PARIS. — IMPRIMERIE ÉMILE MARTINET, RUE MIGNON, 2.